日・韓・中トンデモ本の世界

と学会・水野俊平・百元籠羊 著

はじめに――トンデモな状況の淵から世界を眺めて

唐沢 俊一

「あらゆる国家はトンデモの上に成り立っている」

という言い切りは、おそらく成立する。

陸軍少尉として終戦に際し米軍捕虜となった山本七平氏は、マニラの捕虜収容所で進化論の概念を教育され、「そんなことは日本では子供でも知っている」と反発すると、米軍人たちは仰天して、ではなんで日本人は天皇が神の子孫だと信じてわれわれと戦ってきたのか、と逆に質問してきたという（『「空気」の研究』1977、所載）。

アメリカ人に日本を笑う資格はなくて、かの国も建国の理念の基本を聖書に置き、進化論を唱える学者であっても、マリアの処女懐胎《かいたい》やキリストの復活に異議を唱える声はあまり聞こえてこない。最近は原理主義者的に、それこそ進化論を否定し、神の七日間の天地創造を支持する者の数が増えてきており、選挙に大きな影響を与えている。

イスラム諸国がこのような原理主義への回帰運動で騒がしいのはニュース等でご承知の通りだろうし、お隣の韓国では檀君《だんくん》神話の世界発信に忙しい。神武天皇も檀君も実在しないのだから歴史教科書に入れるべきではない、と言うならイギリスの教科書に載っているアーサー王だって実在は疑わしいし、共産中国の歴史教科書に記載されている毛沢東に関する記述は、同じ中国の歴史学者に言わせると95％は嘘っぱち、だそうだ。

トンデモというものは、それがトンデモであるがゆえに、ある種純粋である。人が国家という一つの単位でまとまるためには、純粋な理念が必要である。これこれこういう経緯があって、かくなる理由においてわれわれはここに国を作る、という合理的理屈でまとめられた国（多くは共産諸国）は人類の歴史から見れば極めて短期間の間に矛盾が噴き出して分裂・崩壊の歴史をたどってしまった。

人間が国を建てる、いや、ことを成す根本が論理によるものではないことの証明であろう。〝不条理ゆえに我信ず〟という言葉があるが、人間は不条理（トンデモ）な理念であるからこそ、そこに身も心も捧げられるものなのである。

「などてすめろぎは人間《ひと》となりたまいし」

という三島由紀夫の嘆き（『英霊の聲』１９６６）はそこに由来するものだと思う。

……と学会が扱うトンデモには様々あるが、その中で中心はやはり科学に関するトンデモである。それは別に、と学会がガチガチの科学信奉主義者集団であることを意味しない。

科学においては、実験における再現性など、ある理論をトンデモか否か、見極める手段が歴史の上で確立している。もちろん主流とされている説を金城湯池《きんじょうとうち》とするわけではないが、少なくとも、その理論の上に現在のわれわれの生活は成立しているわけであり、それを否定するにはかなりの実証性ある実験結果の報告が求められる（昨今話題のＳＴＡＰ細胞検証などはその現れである）。

したがって、そのような科学の手続きを踏まない疑似《ぎじ》科学的主張は、トンデモと断定して可である場合が多いのである。つまりは、トンデモ認定が容易だったのである。

歴史や国家というものに関しては、残念ながら、これが正しい認識、という評価はあまり下すことができない。現在は正しくても、それが時代の変化とともにトンデモとなっていくという経緯は、これまでの歴史の中でも、われわれは何度も経験している。

さらに、それぞれの評者の拠って立つ、その立ち位置次第でもかなり見方は変わってくる。元東京都知事の石原慎太郎氏を悪鬼羅刹《らせつ》のごとく罵倒する人物が知り合いにいて、しかしながら石原氏の都知事としての手腕を見てみると、それまでのバラマキによる財政赤字を一掃したことをはじめとして、数多くの実績を残している（私のような芸能プロダクション出自の者から言わせると、衰退状況にあった大道芸やお座敷芸の文化的保護政策を打ち出してくれたことで恩義がある）。

なんで彼が石原都政をそこまでクソミソに言っているのかと思ったら、児童ポルノ法を推進しているというその一点が根本理由であった。その一点によって、個人の全存在を否定するというのも極端にすぎないかと首をひねったが、その知人の中の基準では、児童ポルノがすべての価値観の頂点にあり、この規制を許せばそれが原発の容認、ヘイトスピーカーの多出、江戸しぐさの肯定、ウナギの全滅、ひいては日本の軍国化と若者の徴兵にまでつながる重大事であるようだった。

……言っておくが、その知人も普段は極めて知的で温厚な人物なのである。そこにスイッチングされたとたんに、平常心を失ってしまうのである。

このような状況で、政治や国家といったものをトンデモとして扱うことにはいささか抵抗があることも事実である。言うまでもないが、と学会の基本理念は主義信条に関わりなく、右であれ左であれ、タブーなくトンデモをつつく、というところにある。いまの日本の目から見て、あの国はトンデモである、とか、あの政府はトンデモである、と言い切るのはその理念に反する行為である……とはいえ、最近の政治情勢を見てみるに、これまでは〝かなり純粋な理想論を唱える〟革新派と、〝かなり不純な要素を含むが、現実に処した考え方を実行する〟保守派の争いだったものが、〝お互い、極端に偏った地点から、それぞれの理想をぶつけ合う〟という形に変化してきたのではないかと思える。

早い話が与党自民党であるが、これまでは何だかんだ言いながら、右も左も取り込んで、現実（金、という言葉に置き換えることもできるが、これは資本主義経済下で当然のことである）に即した政治手腕を発揮していたものが、妙に先鋭化した保守理論が最近主流になってきた感があり、革新の方も、劣勢が伝えられている中、現実路線よりもより過激な理想主義に偏っての言動が著しいように思える。

冒頭に述べた、〝人間は不条理な理論にしか身を捧げられない〟という定義が、どうも実践されつつあるようである。

およそ日本を取り巻く状況は、かなりキナ臭くなっている。ここがその原因だろう。生ぬるい平和論では国が滅びる、という危機感、また逆に、こういう状況下では突出した反権力論でなくては人々が耳を傾けてくれない、という切迫感が、それぞれの陣営を先鋭化させているのだろう。多少の誤解や叱責を覚悟の上で、そういった現状の下、一歩踏み出して現在の国家や政治状況、その反映であるところの文化群をつついていくことも、今後のと学会には必要かもしれない。そう考えて、本書を上梓するに至った。

……思えばＵＦＯだって、あれはアメリカ人が冷戦という状況下で生み出した、ある種の政治的強迫観念のたまものであり、それが途中から政治を離れてひとり歩きし出したものである。つまりはかなり政治的な物件だったのだ。

しかし、冷戦はすでに昔語りだが、ＵＦＯはいまなお世界のサブカルチャーとしてその生命を保っている。いま現在の、右も左もある種のヒステリーに陥り、崖の上で踊っている状態の中から、やがて21世紀を代表するトンデモが生み出されるかもしれない。

その胎動《たいどう》は、あちこちで秘かに感じられるような気がしている。

※編集担当者より

今回は『日・韓・中　トンデモ本の世界』というテーマなので、韓国語や韓国の歴史に詳しい水野俊平様と、中国のオタク事情に明るい百元籠羊様をゲストに迎えました。どんな本を取り上げ、どのようなコラムを書かれているか、どうぞお楽しみに！

［目　次］

第1章

「いやよいやよも好きのうち」日本への屈折した思いを抱き続ける韓国・北朝鮮編

CONTENTS

第2章

「そこのけそこのけオレ様のお通りだ」

肥大し続ける覇権国家・中国編

CONTENTS

第3章

「もう12歳なんて言わせない！」一人前の国家になりたくて背伸びを続ける国・日本編

CONTENTS

装丁 坂本龍司（cyzo inc.）
カバー写真 江森康之
カバー写真モデル 太田奈美
と学会マークデザイン 坂本志保

第1章

「いやよいやよも好きのうち」

日本への屈折した思いを抱き続ける韓国・北朝鮮編

嫌韓本の「韓国版」が20年前に出版されていた！

『悲しい日本人』（田麗玉）

画期的な日本こきおろし文化論

1993年に韓国で出版された『日本はない』という本をご存じだろうか（日本でもたま出版から翻訳本が出版されている）。すでに20年以上の歳月が経過しており、この本の存在を知る日本人も少なくなったと思われる。この本は韓国放送公社の東京特派員だった田麗玉氏（女性、1959年生まれ）が書いたものである。

内容は特派員時代の（2年半ほどの）日本滞在経験をもとに、日本のネガティブな面をかき集めてまとめあげた画期的な日本こきおろし文化論とも言うべきものであった。インターネット上で思う存分、日本や日本人を罵倒できる昨今と異なり、当時は反日感情の捌《は》け口が少なかったためか、この本は爆発的な売れ行きを見せた。

発行部数は100万部ともいわれ、続編も出版された。この本は事実上、著者・田氏の出世作ともなった。余勢を駆って田氏は国会議員選挙に出馬し、当選した後は野党（当時）・ハンナラ党の重鎮議員として、同党のスポークスマンを務めたこともある。

この本の結論を一言で言えば、日本などは道徳がマヒした不潔な成金《なりきん》の国であり、韓国人が学ぶところなど一つもなく、21世紀は韓国の世紀になるの

たま出版
1994年
品切れ

だ、ということである。取り上げられている問題もイジメ、猥雑《わいざつ》な風俗、外国人差別、教育問題、拝金主義、熟年離婚、ワーカホリックから従軍慰安婦問題まで幅広いが、いずれも日本の否定的部分である。著者自身も、この本が客観的な事実を分析するよりは感情的な判断に傾いた記述になっていることを認めており、かつ、それに何らの疑問を感じていない。

> 本書は、「記者」としてでなく、「一個人」として書いたものです。客観的な記録ではなく、主観的な記録です。記事にならなかった文章、取材の裏話ではなく、厳密にいって記事にできなかった文章なのです。田麗玉個人が日本という社会にぶつかり傷つき、倒れ、そして韓国人特有の負けずぎらいでまた立ち上がって向かっていった、そんな話なのです。……わが国の知識人の中には、わが国は日本より遅れている、我々が学ぶべき国は日本しかない、日本を憎み非難するのは世界史の流れを知らず国際感覚に欠けているからだという人々がいます。……日本を知り、日本人にもまれて暮らしてみた私は、こういいたいのです。我々はすぐに日本に追いつける。我々がお手本とすべき国は決して日本ではない。むしろ、日本に学んだりまねたりせず、我々の闊達な気質と創意を生かせば、あの巨大な組立工場みたいな国、日本を尻目にできる。……このようなことをいいたくて私は本書を書きました。（本書1～3ページ）

つまり、**記事にもできないような感情的な話を書き並べたということを著者自ら認めている**わけである。ともかく、一方的で主観的であるが、そのため非常にわかりやすい内容であったため、韓国では読者に喝采《かっさい》をもって迎えられ、左派系日刊紙・『ハンギョレ新聞』が選定する「94年・10大文化商品」にも選ばれた。同紙に掲載された「韓国人の自尊心が作ったベストセラー、田麗玉の『日本はない』」という記事を引用すると次の通りである。

厳然と存在する国、それも世界で2番目という経済大国・日本を学ぶべき点が一つもない国だと辛辣に批判した本が今年爆発的な人気を集めた。……30代半ばの若い女性記者が2年8か月の東京特派員体験を土台にこの本を出版したときから読者の反応は「やりすぎじゃないか」「一方的だ」という否定的な評価がなくはなかったが、読書界では大体「すっきりした」という反応が普遍的だ。（原文は韓国語、評者訳）

誤解を招かないように言っておくと、『日本はない』の内容がデタラメであるということではない（※）。書かれている内容は、その当時の日本で社会問題になっていた事象を対象にしており、その記述はおおむね正確である。

朴槿恵氏が大統領になってもならなくても通用する巧みな策略を描いていた

この本が出た当時の韓国には「日本に学ぶべきことは学ぶべきだ」という一種の「日本肯定論」が唱えられており、それに反発する風潮もあった。田氏の本はそのような需要を巧みにすくい取ったと言えよう。

さて、出版当初からこの本は他人の著作を剽窃《ひょうせつ》したものであるという疑惑が提起されていた。実はこの本を書いたのは田氏ではなく、別のライターで、田氏はその内容を剽窃して自著として出版しただけだというのである。「原作」を書いたとされたのはルポライターの柳在順氏（１９５８年生まれ、現在は東京在住）。

柳氏は東京特派員時代の田氏と親交があり、自分の書いた原稿を田氏に見せたりしたのだが、田氏は柳氏の原稿を無断で盗用し、本として出版してしまったのだという。柳氏は『日本はない』とほぼ同じ時期に『日本人、あなたがたは誰なのか』という類書の出版を計画しており、田氏が盗用した原稿というのは、この本の草稿だったらしい。

柳氏は『日本はない』が自分の原稿を盗用したも

のであると主張はしたものの、訴訟を起こしたり、『日本はない』の販売差し止めを求めるといったことは一切やらなかったようである。そのためか、この問題は一部の田麗玉反対派の間で話題になることはあっても、世論の関心を集めるまでには至らなかった。

ところが、原稿を盗用されたと主張する柳氏が、2004年にネット新聞『オーマイニュース』とのインタビューで、「『日本はない』は瓢窃だ」と発言したことによって問題が再燃した。田氏がこれに反発して『オーマイニュース』と柳氏を名誉毀損で告訴。瓢窃の被害者であるはずの柳氏があべこべに被告として法廷に立つことになってしまったのである。

『日本はない』出版当時（放送局社員）よりはるかに大物（国会議員）になっていた田氏にしてみれば、自分の政治生命を脅かしかねないこの問題を座視するわけにはいかなかったのだろう。ところが、田氏は一審、二審でいずれも敗訴。2012年5月に大法院（最高裁判所）の判決が下ったが、その内容は柳氏の主張を全面的に認め、田氏の主張を退けるものであった。つまり、裁判所が『日本はない』が瓢窃されたものであると認めたのである。

田氏は2004年5月に行われた国会議員選挙にハンナラ党から比例代表候補として立候補し、当選した。政治的には何らの経歴もなかった田氏が与党の国会議員として当選できた背景には、『日本はない』のベストセラー化が後押しになったことは否定できない。

その後の田氏の政治活動は華々しかった。2006年には同党の最高委員に選ばれ、2008年の国会議員選挙でも再選されている。ところが、この頃から順調に見えた田氏の政治活動にも陰りが見え始める。その理由はハンナラ党の代表となった朴槿恵氏（現大統領）との確執であったと見られている。

かつてはハンナラ党の「代弁人（広報責任者）」として「朴槿恵の腹心」「朴槿恵の口」とまで言われた田氏であったが、朴氏と決別した後には「代弁人」を辞し、同じハンナラ党の李明博氏（前大統領）に接近した。2012年3月、翌月に行われる国会議員選挙で与党・セヌリ党（ハンナラ党が党名を改称して発足）の公薦から脱落したことに反発して離党。「国民の考え」という政党に入党し、立候補したが落選。その直後に大法院で敗訴判決を受けた。

これで田氏は政治活動や執筆活動に致命的な打撃を受けたかに見えたが、意外に復活は早かった。2012年1月に『i田麗玉』という著書を出版したのだが、その本の中でかつて自分が仕えていた朴槿恵を猛烈に批判している。この本が出た当時、朴槿恵氏は2012年に行われる大統領候補として名前が挙がり始めていた。ところが、田氏は数年にわたって補佐してきたはずの朴氏に対して「大統領としての器ではない」とまで言い切っている。

情勢を分析すると田氏の巧みな策略が見えてくる。もし、朴氏が大統領選挙に落選するなら、田氏の主張は正しかった、ということになって本は売れるだろう。反対に朴氏が当選したとしても、有権者の半分は朴氏の反対勢力だし（実際に朴氏は僅差《きんさ》で当選した）、在任中に必ず何らかの失策はやるはずだから、本は売れるだろう……というわけである。まさに「日本はない」ならぬ「朴槿恵はない」で2匹目のドジョウを狙ったということだ。

結局、2012年の選挙では朴氏が大統領に当選。しかし、田氏の本はあまり話題にはならなかった。田氏がかつてはセヌリ（ハンナラ）党の国会議員であり、朴槿恵氏の腹心でありながら批判を加えたことが背信行為と受け止められ、さらには原稿盗用をめぐって敗訴判決を受けたことによって、朴槿恵反対派にも田氏の本はウケがよくなかったからである。

田氏の原稿盗用問題や機会主義的な政治活動も問題であろうが、**それ以上に問題なのは『日本がない』そのものが持つ内容的欠陥であると**思われる。『日本はない』は、日本の否定的な事象のみをかき集め、「日本はない」（「日本に学ぶべき点はない」）という結論を導き出している。この本を読む限り、田氏は差別と偏見があふれる日本で孤独で悲惨な特派員生活を送っていたように思われるのだが、事実は必ずしもそうではなかったらしい。

当初、田氏はその当時韓国で出版されていた日本滞在記と大差のない原稿を準備していたが、出版社から「特色がない」と指摘され、急遽日本こき下ろしの方向に原稿を書き直したといわれる。また、田氏は日本在留時にＮＨＫの「アンニョンハシムニカ・ハングル講座」に出演し、「日本は学ぶべきところが多い国です」と述べていたという証言もある。田氏にとって「日本はある」「日本はない」は、どちらも本音なのであろう。しかし、当時の韓国人読者が欲していたのは「日本こき下ろし」であった。だから、そのニーズに合わせて素材を集め、書いた。それが『日本はない』なのである。

田氏は『日本はない』で「日本から学ぶものは何もない」「日本のようになってはならない」と述べている。結果から見ると、なるほど韓国は日本のようにはならなかったかもしれない。それなりの経済発展も成し遂げ、国民の生活水準は向上し、韓国の国際的地位も向上した。家電、半導体、通信機器などで日本を追い越した分野もある。ところが、肝心の韓国人はあまり幸せそうには見えない。

『日本はない』の出版から20数年が経った現在、田氏が日本固有の否定的現象と見なしていたものが韓国でも深刻な社会問題となっているケースが多い。これだけ近い隣国で文化風俗も似通っているのだから、**日本で起こった現象は、早晩、韓国でも起こるだろうと推測する程度の洞察力もなかったわけである。**

イジメ、校内暴力、援助交際、熟年離婚だけではなく、ネット中毒、少子化、格差社会、若年者の深刻な就職難など日本の一歩先を行っている問題も多い。これなどは別に「日本から学んだ」結果として起こった問題ではなかろう。このような否定的素材をかき集めて韓国をこき下ろせば『韓国はない』など数日で書けそうである。

そして、現在、日本でそうした現象が起こっている。書店に行けば「嫌韓本」と呼ばれる韓国批判本が平積みになっていて、専用のコーナーを設ける書店もあるほどである。その手の韓国批判本の内容がすべて嘘や誤りかというと、そんなことはない。ニュースソースが韓国の報道であることが多く、それなりの真実を伝えていると見るべきである。ただし、それは**韓国の否定的な部分のみを集めて書かれたという点にも十分留意する必要がある。**いわば一面的な真実なのである。

　ただし、読者は自分の読みたいもの、信じたいもの、痛快なものだけが真実であると感じる傾向がある。その内容がどれだけ普遍性・客観性を備えているかは二の次、三の次なのである。このことは『日本はない』が現在の韓国でどのように評価されているかを見れば、容易に理解できる。

　少し前に出会った旧友と田麗玉の本について話を交わす機会があった。彼は過去、田麗玉の本を読んで非常に大きな感銘を受けたが、10年余りが過ぎた現在になってみると、偏見に満ちた本ではなかったかという思いがする、と語った。10年余り前には、なぜ感銘を受けたのかと尋ねたところ、その旧友の答えは次のようなものであった。

「痛快だった」

「10年後、我々は現在感じる感情、見聞きした知識を果たしてどれだけ認めるだろうか？」（チェ・ソギョン『キムチ民族主義』人物と思想、２０１０年）

　『日本はない』も「嫌韓本」も対象が違うだけで、結局はよく似た視点で書かれている。「10年後」に対する問いかけは、韓国人だけに向けられたものではない。（水野 俊平）

※ただし、日本で語られていた誤った言説を無批判に引用した部分はある。その一例として「白人を無条件に好む日本人女性は欧米でイエローキャブと呼ばれている」という記述が見られるが、これは日本のノンフィクション作家・家田荘子氏の広めた俗説であり、根拠に乏しい。

それいけ！　ムンソンミョン

『平和を愛する世界人として　文鮮明自叙伝』（文鮮明）

創芸社
2011年
単行本　本体1800円＋税

鉄道忘れ物市のベストセラー

本書は、韓国生まれの新興宗教、世界基督教統一神霊協会（統一教会）の教祖・文鮮明《ムンソンミョン》が晩年の２００９年に書き下ろした自叙伝の増補版である。数年前、駅前などで大量に配られていたので、おそらく今回の本で紹介されている中では**最も知名度の高い書籍**かもしれない。

１９５４年創立、58年日本に上陸した統一教会は、「真のお父様」こと文鮮明を、イエス・キリストがなし得なかった人類救済を完成させる「再臨のメシア」として崇《あが》めるキリスト教もどきの新興宗教であり、教祖がマッチングした相手と結婚することでアダムの堕罪《だざい》以来汚された血統を清められ、真に救済されるという「合同祝福（合同結婚式）」や、共産主義をサタンと呼ぶ強烈な反共思想で知られている。既存のキリスト教にとっては「イエスの救いは不十分だった」とディスられてるのと一緒でたまったもんじゃないが、一般レベルだったらこの程度ならただのヘンテコ宗教で済むところだろう。

だが、この「祝福」を受けるため、またメシアにすべてを献げサタンを打倒し地上天国到来の手伝いをする（万物復帰）と称して、信者はことあるごとに教団から多額の献金を強制され、親族ぐるみで財産を奪われるケースの相談も珍しくない。また霊感商法やニセ募金、国内のめぼしい大学にダミーサークルを潜り込ませ、毎年入学したてのウブな学生をアンケートやボランティア活動などで取り込みマインドコントロール、様々な経済活動の手駒としてこき使う事例が被害者から多数告発され、わが国では長年大きな社会問題となっている。

韓国の宗教なら同じ韓国人を食い物にしていればいいものを（それもよくないけど）、なんでわざわざ日本を集金場兼奴隷狩り場にするのか。それは、「日本は**韓国の弟分**のくせに兄に従うどころか昔ひどいことをしたのだから、**韓国に償うのは当然**」という二重三重にふざけた論理に基づく。日本人自身が反省の意を込めて言うのならともかく、韓国側からこうも臆面もなく主張されると、右翼でなくともナメんなこのクソバカヤロウと怒鳴りたくなる。

だが、過去の不幸な歴史に心を痛める**善人**ほどこのロジックにまんまと取り込まれる。かくして純真な日本人信者は、日本の罪を贖《あがな》い、メシアの救済活動を手助けするという崇高な使命のために、不眠不休で経済活動に邁進《まいしん》し、韓国の文鮮明のもとにせっせと送金するのである。そのマインドコントロールの手法や信者の地獄のような生活は、脱会者やその支援者らによる数々の本に描かれているので本稿では詳述しない。

『文鮮明自叙伝』があちこちで配布されていたのも、世間では邪宗の教祖と「誤解」されている文鮮明お父様の「真の姿」を世の人々に知ってもらい、地上天国到来を早めるべく、**信者が自腹で**何十部何百部と購入し、一生懸命配っていたのだ。その甲斐あって、往時は鉄道各社の「忘れ物市」で書籍コーナーに行くと本書が高確率でゴロゴロ見つかったものである。**いやそれたぶん「忘れ物」じゃないと思います。**

もちろん信者のみなさんは本書を文字通り聖書のごとく崇め奉り、本書を「写経」するためのセミナーまで開かれるほどである。だが真のお父様への信仰心などカケラもない身で読むかぎりでは、申し訳ないが、徹頭徹尾お父様が「俺ってスゲエだろ？　苦労してるだろ？　な？　な？」と自画自賛に終始するだけの本にしか見えなかった。

とにかく全編、人に食べ物や金をめぐんだ話、教えを広めるために不眠不休で働いた話、貧困やら官憲・伝統宗教の迫害やらに耐えた話ばかりがやたら事細かく描写される。もしマザーテレサやキング牧師ら並の宗教者が自伝を書いて、ここまで俺スゲエ俺スゲエと自画自賛かました日には、一気に信用台無しであろう。さすがメシアともなると一味違う。

そのわりに肝心の迫害や逮捕の理由はいまいち具体性を欠き、また、よく読むと経歴上不自然な空白がところどころに見られる。この「書かれていない部分」にこそ、文鮮明の、統一教会の実体を知る上で大切なキモが隠れていることは言うまでもない。

「偏見と悪評判で歪曲された『文鮮明』という人物について、あるがままの姿の一端を読者の皆様に知っていただければ幸いです」（350ページ、小山田秀夫・日本統一教会会長のあとがきより）。

確かに**都合のいい部分だけチョイスして肝心な所には一切触れない**という点で、「あるがままの姿の一端」というのはウソではないです。

本書にちりばめられた不自然な空白に、統一教会ウォッチャーは自分の知識で、初心者は勉強しながら穴埋めドリルのように、ミッシングピースをはめこんでいく作業が、本書の楽しみ方の一つである。

ウンコをかけられさあ大変

文鮮明、本名文龍明《ヨンミョン》は1920年の旧暦1月6日、大日本帝国支配下の朝鮮半島北西部、平安北道《ピョンアンプクト》定州《チョンジュ》（現・北朝鮮）に生まれる。かつて統一教会内では、再臨のメシアが悪の共産主義国家であるはずの北朝鮮領内で生まれたことや、本名にサタンを表す「龍」の字が入っていたことはひた隠しにされていたのだが、1991年に文鮮明が北朝鮮を訪問したあたりから、そのへんのタブーはどうでもよくなったらしい。

龍明少年には、幼いときから天気や人の死期を予知する神通力《じんつうりき》があり、7歳のときには、新郎新婦の写真を見れば良縁かどうかわかったという（49ページ）。合同結婚式におけるお父様のマッチング能力の正当性をアピールする**神話的挿話**《そうわ》かもしれない。

1935年の復活節にイエス様から、自分の成し遂げられなかった人類救済を完成させてくれ、とかお告げを受け（62ページ）メシアの道に目覚めたとのことだが、とりあえずまだ学生だったので即・出家してインドの山奥で修行したりはしなかったらしい。まじめに地元の普通学校を出、京城《ソウル》に下宿し商工実務学校に通ったのち、41年日本に渡った江本龍明くん（創氏改名後の名前）は「早稲田大学附属早稲田高等工学校電気工学科」に留学（78ページ）。これもかつては「早大理工学部卒」と学歴詐称《さしょう》していたが、早稲田高等工学校は現在の早大理工学部の前身である早稲田大学専門部工科とは別の夜間学校である。

帰国後の44年5月、最初の嫁となる崔先吉《チェソンギル》と結婚するのだが、婚約の際、お父様は「いま結婚しても、少なくとも七年ほどは、あなた一人で生きる覚悟をしなければならない」「私には結婚生活よりもっと重要なことがある」と、意味不明な関白宣言をしたとある（91ページ）。実際この2年後、お父様は妻と生まれたばかりのわが子を置き去りにして**蒸発**するのだが（96ページ）、その言い訳のために後付けした、これも**神話的挿話**と思われる。

44年10月、留学時代関わった独立運動のせいで日本の官憲に捕まり、翌年2月まで勾留される（92〜94ページ）。お父様はとにかく自分の受けた拷問や監獄でのひどい扱いをやたら執念深く覚えていて、しかも細かく説明したがる。信者はここ読んでメシアの受難を覚え涙するポイントなのだろうが、信仰なき身には男の拷問シーンなど読まされてもピクリとも萌えないし正直対処に困るだけである。

45年8月15日に終戦を迎えると（95ページ）、突如時間が46年6月に飛ぶ。この不自然な空白期、本書にはまったく記されていないが、お父様は45年10月から翌年4月までソウル近郊の坡州《パジュ》にあった金百文《キムペグムン》

（1917〜90）のイスラエル修道院で活動していたのである。イスラエル修道院は、当時の朝鮮で流行《はや》っていた「血分け」（人類の血統は汚れており、メシアである**教祖とセックスすることで救われる**とする教え）などの教義を持つ混淫《こんいん》派新興宗教の一つで、お父様はここで、のちの統一教会の根本教義のヒントを得たと言われている（現在の合同結婚式も、原型はこの血分けの儀式とされる。「メシアとの肉体関係」が「メシアが選んだ相手との肉体関係」に置換されたのである）。

ともかく46年6月、妻と生後2か月の長男・聖進《ソンジン》をソウルに置いて、米を買いに黄海道《ファンヘド》の白川《ペクチョン》に向かう途中、お父様は突如出奔《しゅっぽん》。そのまま38度線を越え平壌《ピョンヤン》へ向かう（97ページ）。平壌で聖書講話を始めると、みるみる熱心な信者がつき始めたが、それをねたんだ既成キリスト教の牧師たちが警察に告発、お父様は8月逮捕されたとのことである。本人は「『南から上がってきたスパイ』の汚名を着せられて」（101ページ）と書いているが、正確にはスパイ容疑というより、混淫派の宗教活動をしていたせいで**社会秩序混乱**の容疑をかけられ捕まったらしい。

また監獄内での仕打ちや苦労話を**事細かく説明**したのち、同年11月釈放される。**ソ連占領下の平壌で本当にスパイ容疑をかけられていたらこんなもんじゃ済まないと思うのだが。**

48年2月、「反対する牧師たちが警察署（内務署）に投書」したせいで再び逮捕（103ページ）。これも**信者の妻を奪い強制結婚**したせいらしい。今度はきちんと起訴され、裁判での屈辱を**事細かく説明**したのち平壌刑務所に収監（104ページ）。以下10ページにわたり刑務所内でのつらい待遇や化学肥料工場での強制労働を**事細かく（略）**。文鮮明の反共思想はこのときの個人的うらみによるのではなかろうか。また、この「北朝鮮に投獄され辛苦をなめた」という経歴が、ひょっとしたらのちに韓国や日米の反共政治家らの信用を勝ち得る際のツールとして利用されたのかもしれない。

50年10月13日、朝鮮戦争のどさくさで脱走、平壌で元信者をかき集め、足を負傷し歩けなくなった信者を背負って38度線の南へ逃げた（118ページ）。本書には多くの古参信者が実名で登場するが、なぜかこのときお父様におんぶされていた幹部信者・朴《パク》正華《チョンファ》の名前はここでまったく出てこない。これは、朴がのちに脱会、教団黎明期のお父様のセックス儀式の実態や女性関係を暴露した『六マリアの悲劇』（日本語訳版は恒友出版刊）を上梓したため**存在を抹殺**されたものとみられる。

落ちのびた先の釜山《プサン》で懲りずに宗教活動していると、戦争前ソウルにほっぽり出したきりの妻・崔先吉が6歳になった聖進を連れて釜山に現れた（130ページ）。そりゃもう妻は怒り心頭だったろう。

53年「激しい迫害に抗しきれず」お父様は釜山からソウルへ本拠地を移したとある（132ページ）。これも『六マリアの悲劇』日本語訳版78ページによれば、文鮮明が女性信者と**血分け儀式**をしているのを目撃した妻が大暴れしたので、女性信者を連れて逐電《ちくでん》逃亡したというのが真相らしい。本書内では、文鮮明教団の信者はなぜか男か老婆しか名指しされないが、実は若い女性信者も多数おり、絶倫青年・文鮮明とエロ同人のようにせっせと血分け儀式に励んでいたと言われている。もはや宗教団体なのかヤリサーなのかよくわからない。統一教会自身はこれらのセックス儀式の存在をまったくのデマであると否定しているが、いずれにせよ、お父様にとってつもない「人を惹き付ける才能」があったこと自体は事実であろう。

54年5月ソウルで世界基督教統一神霊協会を旗揚げ（132ページ）するが、翌55年春、さっそく梨花女子大事件（ソウルの名門私立大・梨花女子大や延世大の学生および教員が多数入信、十数名が退学・免職させられた事件）を引き起こし、お父様も7月4日逮捕される。お父様は、既成キリスト教会が権力と結託して統一教会を潰しにかかった宗教弾圧であると書いておられるが、延世大の女子学生だった信者・**金明《キムミョン》熙《ヒ》を妊娠させた件**には一言も触れておられない。お父様の子を宿した金明熙は密かに日本海を渡り、55

年8月17日、日本で次男・喜進《ヒジン》を産んでいる。

もちろんこの狼藉に妻が黙っているわけがない。

異端騒動に巻き込まれる困難を味わっていた頃、私をさらに困らせたのが当時の妻でした。彼女は釜山で再会した後、実家の家族と一緒になって私を追いかけ回し、離婚をせがみました。教会を直ちにやめて家族三人で暮らすか、さもなければ離婚したいということでした。彼らは私が収監されていた西大門刑務所までやって来て、離婚書類を押し込んで判を押せと脅迫しました。（146ページ）

被害者面《づら》もはなはだしいが、結婚2年で蒸発、小さい子供抱えた妻を6年も放置した挙げ句の不貞、普通なら慰謝料山ほど請求されても当然である。殺されなかっただけまだましだろう。

――彼女は私たちの教会と信徒にも言葉で言えないような乱行に及びました。（中略）彼女が来るたびに、教会を訪れる信徒たちに悪口を浴びせかけ、教会の器物を壊し、教会にある物を勝手に持ち去ったばかりか、**人糞**を振りかけることまでしました。（同）

新郎新婦の写真を見ただけで良縁か悪縁か見破れると豪語する再臨のメシアが、**自分の結婚相手にはウンコぶっかけられた**というのはいろいろ台無しなのではないか。3か月の服役後、お父様はしぶしぶ離婚状に判を捺《お》す。

梨花女子大スキャンダルで国内活動に行き詰まったのか、また10ページほど**事細かな貧乏自慢**が続いたのち、統一教会は海外に活路を見出す。58年日本へ密航した信者の崔奉春《チェポンチュン》（日本名・西川勝）が59年10月日本支部を立ち上げ（157ページ）、同年には梨花をクビになった金永雲《キムヨンウン》女史や、教会創立メンバーの一人・金相哲《キムサンチョル》らを宣教師としてアメリカに派遣し（158ページ）布教活動を開始する。

もちろん、海外進出には元手が要る。62年、お父様は戦前ものの中古の旋盤を買って工場を起こす。「事業を通して宣教資金を得ようとした理由の一つは、信徒たちに負担を強いて宣教活動費を充当したくなかったからです」（１５９ページ）。その事業のために信者をタダ働きさせて「負担を強い」たら元も子もないと思うのだが。それはともかく、例によって旋盤購入やら工場起こすときの話やらは詳しいわりに、**その旋盤で何を造ったか**は一言も出てこない。

しかもたった1年で**船を建造**し漁業進出（１６１ページ）、同じ63年には児童舞踊団を結成（１６２ページ）するなど、この頃から**不自然に金回りがよくなっている。**日本での霊感商法が軌道に乗ったせいなのか、この頃稼働を始めた**銃器工場**（例の旋盤を使ったのかどうかは存じ上げませんが）が韓国政府の発注を受けられたおかげなのか、いずれにせよ尋常な商売だけでは普通考えられない急拡大ぶりである。

統一教会の銃器メーカー「統一産業」が製造した空気銃は、60年代、統一教会の関連企業が日本全国で開店した銃砲店により数千丁も国内に持ち込まれた。空気銃といってもサバイバルゲームでＢＢ弾を撃ち合うようなオモチャではなく、例えば単発銃の「鋭和３Ｂ」は口径４・５ミリ、銃身にはライフリングが施され、鋼板も貫通する物騒な代物であり、71年国会でも問題にされたほどであるが、もちろん本書のどこを読んでもこの大ヒット企業の件は出てこない。

68年に反共政治団体「国際勝共連合」を設立し**笹川良一**が日本での名誉会長を務めたこと、74年お父様が来日した際、勝共連合主催の「希望の日」晩餐《ばんさん》会《かい》が帝国ホテルで開かれ、**岸信介**が名誉実行委員長を務め、**福田赳夫**が挨拶するなど多くの政治家を招いたことも、奥ゆかしいお父様はお書きになっていない。ちなみに、２００６年の合同結婚式に**安倍晋三**内閣官房長官（当時）が祝電を打ったのも、祖父の岸信介以来の付き合いがあってのことである。

この勝共連合は現在も活動しており、街宣車に

「守るぞ！　尖閣」と威勢のよいノボリを立てて街頭演説をしているところをときたま見かける。そのわりに**竹島については一切触れない**のが非常にわかりやすい（図１参照）。

　そんなゴリゴリの反共主義者のお父様が、なぜか勝共連合と並行して、70年代初頭から共産圏に信者を送り込み始める。

図１　勝共連合の街宣車のノボリ

　反共の砦《とりで》・韓国からやってきた新興宗教が、唯物論の共産諸国当局に歓迎されるわけがない。73年にはチェコスロバキアで潜入宣教師と信者30人以上が検挙され、24歳の現地女性信者が獄死する事件まで起こる（１７９ページ）。本当に共産圏の民衆の魂を救おうという布教活動だったのか、**布教の皮をかぶったスパイ活動**だったのか、実態はいまだ謎である。

　信者を続々死地に特攻させる一方、お父様は先に金永雲、金相哲ら信者に十分地ならしをさせていたアメリカに渡る（１８１ページ）。74、75年米議会に招請、76年にはヤンキースタジアム、ワシントン広場で講演……。何度も渡米しているかのように読めてしまうが、実はお父様、韓国を離れ72年11月に**ニューヨーク州に豪邸建てて家族ごと移住**していたのである。文鮮明一家の優雅なアメリカ暮らしは２００４年の帰韓まで続く（２８２ページ）。

　だが、数多の信者の家庭を破壊しておいて自分ら一家だけ優雅なアメリカ生活を満喫していたバチが当たったのか、お父様は84年7月脱税で収監される（194ページ）。また例によって投獄された話は**やたら事細か（略）。**もういいよ！

現代版「入り鉄砲と出女」

第五章（202ページ以下）ではまるまる「真のお母様」こと後妻の韓鶴子《ハンハクチャ》をホメちぎっている。このあたりになるともう完全に先妻の崔先吉の存在はなかったことにされているし、長男・聖進がどうなったかも謎のままである。

お父様は信者の娘だった**13歳**の韓鶴子に目をつけ、4年後の1960年に結婚する（204ページ）。40歳で17歳の嫁を取るとは、出雲大社の千家国麿《せんげくにまろ》さんと高円宮《たかまどのみや》典子さまどころではない。

韓鶴子との間には21年間に男女14人もの子供が生まれたが、2番目の男子である興進《フンジン》が84年1月、17歳で事故死する（211ページ）。実は、例の延世大の女子学生だった金明熙が産んだ次男・喜進も69年に列車事故で亡くなっているのだが、こっちは追悼どころか、母子ともどもついに本書では完全に存在しないことにされている。

純潔（213ページ以下）とか東洋的家庭（217ページ以下）とか、女性は家庭に尽くすものという夫唱婦随《ふしょうふずい》的価値観を思い切り披瀝《ひれき》する流れで、お父様は「交叉祝福」で韓国の農村に嫁いだ日本人女性信者たちについても言及されている。

「交叉祝福」とは要するに韓国と日本のような仇《あだ》同士が結婚することだそうだ。実際、これまで何百何千という日本人女性信者が合同祝福の際、韓国人とマッチングされている。**薄汚い劣等民族である日本人がメシアの国の男性**と結婚できるのは、統一教会では非常に名誉でかたじけない恩恵とされているが、要するに**嫁の来手のない韓国の農村にあてがわれ、慣れない異国で事実上奴隷として家事に介護にこき使われる**のである（逆に韓国では「入信すれば教養もあり従順な日本女性が嫁に来る」というのが統一教会の売り文句となっている）。

「最近も、八月十五日の光復節になると、『日本人が犯した罪を謝罪します』と言って頭を下げる、特別な日本人の姿がテレビニュースに登場します。自分が直接犯した罪ではないのに、先祖が犯した罪を代わりに謝罪するのです。彼らもやはり、十中八九、交叉祝福を通して国家間の障壁を崩した私たちの教会の信徒です」（225ページ）。一部ネットでは国辱行為として怒りを買っているパフォーマンスだが、あれって統一教会の信者だったのか！

戦時中日本に強制連行された舅《しゅうと》にいびられひたすら耐える日本人嫁の話（225ページ以下）なども、いろんな意味での理不尽さに涙が出てくる。**慰安婦と強制連行の八つ当たりを一度にされている**ようなものだ。

「日本人が犯した罪を日本女性の嫁が代わりに償ったのです。人類が平和世界に向かう贖罪の道とはこのようなものです」（227ページ）とか、何をかいわんや。酒や薬で抵抗できなくなった女性を襲うのが準強制わいせつなら、洗脳して抵抗できなくなった女性を韓国に輸出するのは**準強制連行**と呼んでもいいのではないか。銃器大量輸入と日本人女性大量輸出、とんだ「入り鉄砲と出女」もあったものである。

心やさしい善良な日本の若者を、それこそ日教組なぞ比較にもならない高濃度の自虐史観にどっぷり浸《つ》からせ、贖罪意識を悪用してタダ働きに従事させ、多額の献金を韓国に送金させ、合同結婚式で日本女性を韓国に連行し……。現在もなお一方的に大勢の日本人が簒奪《さんだつ》される侵略行為に、日本政府はなぜ謝罪と賠償を要求しないのか不思議でならない。そもそも韓国政府も自国の犯罪行為をよく見逃しているものだと思う。韓国大使館の前でアイゴーと泣き叫びたい統一教会被害者はどれだけいると思っているのだと。

「半島国家は男性を表します」

冷戦下の共産圏に多数の信者を特攻させていたお父様だが、90年イラクのクウェート侵攻が始まり中東がキナ臭くなってくると、今度は信者を中東に送り込み、「各宗教の指導者たちを集め、中東会談を提案」するよう命令した。

「命がけで紛争地域に入っていって宗教指導者たちと信頼関係を結ぶまで、私たちは血のにじむような努力をしました。お金もたくさんかかり、苦労をたくさんしました」（245ページ）。

　その「お金」をどこから吸い上げた⁉　何人の信者に「苦労をたくさん」強いた⁉

　文字通り信者たちの血と涙で舗装された外交ルートを、わが物顔で闊歩《かっぽ》するお父様。90年モスクワでゴルバチョフと会った直後に韓国とソ連が国交樹立とか（252ページ以下）、91年金日成《キムイルソン》と会談した直後に北朝鮮がIAEA核査察を受け入れたとか（259ページ以下）、当時の外交成果は全部自分の成果とおっしゃりたいらしいが、もちろん因果関係は不明である。

　特に91年の訪朝の件はご本人も強調したいらしく、少ない口絵の1ページを、抱擁し見つめ合う**お父様×金日成**の写真に割《さ》いている。

　一応生地であるせいか、お父様の北朝鮮へのこだわりはかなり強く、94年7月8日金日成が死去すると、幹部を弔問使節として大混乱のさなかの北朝鮮に行かせる無茶振り（274ページ）もしている。

　さらにお父様は相当な額の資本も北朝鮮に投入しておられる。「金日成主席に会った後、私たちは北朝鮮で平和自動車工場をはじめ、普通江ホテル、世界平和センターなどを運営しています」（275ページ）。「平和活動であって、経済的な利益を得るための事業ではありません」（276ページ）と言われても、どう見ても**投資**である。ムネオハウスなどとはわけが違う。

　生まれ故郷であり、かつ自分を拷問した体制の国である北へのアンビバレンツな思いが、お父様をして、強烈な反共思想を持ちサタンの国だ何だと罵倒させながら、北へのこだわりを抱かせしめたのだろうか。投資の件も、ものすごく好意的に解釈すれば、50年ほったらかした実家の一族へのせめてもの贖罪の一環なのかもしれない。まぁ墓に布団はかけられないのですが。

第七章ではお父様は韓民族の優秀さをあれこれ主張される。ハングルは「人間がこの世で出すあらゆる音をすべて記すことができるのです」とか（289ページ、日本語と一緒でLとRも区別できないくせに）、「韓民族は、絶対に人の世話にはならないという独特な性格を持っています。（中略）国がくれる支援金に期待せず、何が何でも自分の手で稼いで子供を育て、両親の世話をしようとしました。そのくらい韓民族は自主性が強いのです」とか（289ページ、もしかして最近の**生活保護叩き**は統一教会の工作⁉）、まあ好きにしてくださいと言うしかない。

「海洋時代が訪れてくるということは、韓国に世界を変えるチャンスが来るということです。（中略）海は、女性を象徴します。反対に陸地は男性を象徴します。海に浮かぶ島国は女性を表しますが、大陸の端にある**半島国家は男性**を表します」（307ページ）。すいません**下ネタ**かと思いました。ともかく**島国日本よりも韓国の方がえらい**と言いたいのは伝わってくる。

統一教会は「男／女」「兄／弟」「アベル／カイン」といった二元論、しかも対等なパートナーではなく**厳然とした上下・優劣関係**を非常に好む。もちろんどんな場合にも韓国がえらい側で日本が劣った側に配置されるからとてもわかりやすい。

ただ、こうした手前味噌ぶりは日韓ひっくり返せばちょうどわが国の嫌韓厨《ちゅう》の主張になることを思うと、あまりお父様のことばかりバーカバーカと笑い飛ばせないのが困ったところである。

お父様がサッカーチーム「一和天馬《イルファチョンマ》」を所有した話も296ページから出てくる。ちなみにサッカーはお父様の個人的趣味だったらしく、潤沢《じゅんたく》な資金力でスター選手をかき集めていたが、お父様の死後一和（統一教会の関連企業）はあっさり経営から撤退、現在は市民クラブ「城南《ソンナム》ＦＣ」として存続している。他にもバレエ団、バレエ学校、オーケストラ、合唱団ｅｔｃ（301ページ）……それだけ作るのにどれだけ**日本人の財産**を吸ったのか想像したくもない。

そんな数々の散財もあくまで文化事業であり、「自分のために建てた家は一軒もない人」（335ページ）とお父様は言い張る。ということはニューヨーク州の豪邸は「宗教施設」として登記していたのだろうか（思いきり家族で住んでましたけど）。

ネクタイとか贅沢な服装はしないだの（表紙の蝶ネクタイは?:）、入浴も3日に1度で十分だの（さぞ加齢臭がすさまじかっただろう）、小便は3回した後に水を流すだの（掃除の手間も考えてよ!）、4万9000ウォン（日本円だと4000円台か）の靴を5年はき続けているだの（336ページ以下）、倹約に努めていると言いたいらしいが、他のページで**カジキ釣り**だの**狩猟**だの思い切りセレブな趣味の話をされた後ではなんの説得力もない。

忠実なスレイブマスター

本書はあまりに日本のことが出てこないので（韓国農村への準強制連行以外にも、統一教会に対して経済面・人的資源面ともに圧倒的貢献をなしているはずの日本の信者へのお父様の冷淡ぶりには唖然とさせられる）、この「増補版」には、留学中のお父様の下宿先など、日本の読者になじむようなエピソードがいくつか巻末に紹介されている。ここで**よせばいいのに**日本の政界とのつながりも自分から暴露している。

64年6月、日本支部を作った崔奉春の不法入国が発覚・逮捕された際、**笹川良一**が崔の身元引き受け人になり釈放させた話とか（366ページ。この直後に東京都が統一教会の宗教法人認可、翌年1月お父様も初来日を果たす）、前述の国際勝共連合設立や、74年の「希望の日」晩餐会の話もこの増補部分には出てくる。

半世紀以上にわたり数え切れない社会問題を引き起こし多くの家族を泣かせ財産を奪いながら、統一教会が国外追放どころか渋谷の一等地に立派な本部まで建てて堂々と活動していられるのは、日本上陸初期から地道な政界工作を行い、信者を秘書や選挙応援ボランティアなどに派遣するなどして国会議員に取り入ってきた賜物と言われている。

「家庭の絆」や「純潔」を強調する統一教会の道徳観も保守層ときわめて相性がいい。地下鉄でサリンをまいても根絶やしにされない法治国家・日本で、ましてや与野党保守系政治家とまんべんなくコネのある宗教団体を撲滅するのは困難を極めよう。

　また、反韓レイシストたちもどうしたわけか、統一教会をターゲットにしようとしない。「韓国への贖罪意識」を最大限に悪用し具体的に金銭的搾取に利用するなんて、本来ならそこらの在日以上に許せない一番の攻撃目標でしょうに。やはりこれも保守系政治家とのコネのせいなのだろうか。

「さて、文先生は日本の行くべき道について、どのように語っていらっしゃるのでしょうか。（中略）現在、神の摂理から見れば、日本は世界の中でエバ国家（母の国）の使命を担っていると言われるのです」（３７８ページ）。

　そのこころは「日本は世界の母親として、たとえ飢えたとしても世界の国々を保護し、経済的援助をして育てていくのです」（３７９ページ）。

ふざけんな!!!　そもそもその母親にばかり犠牲を強いる前時代的母親観も大問題だ。

　ではエバをかしずかせるアダム国家（父の国）はどこかというと「それが韓国・朝鮮です。（中略）そのため日本は世界のために貢献するとともに、**朝鮮半島の南北統一のために生きなければならない**と語られています」（３８０ページ）。ああそうですかつまり韓国にいる日本人信者妻のごとく、ＤＶ夫に殴られながらひたすら耐え忍び馬車馬のように働き生活費も出せと。……すいません、この本読んでると**私も反韓に走りたくなってきました。**

　これが本書の日本語版出版委員会、つまり**日本人**の言葉だというのが信じられない。本当に日本人が韓国人に隷属させられたらどうするつもりだろうか。**少なくとも文鮮明の側《がわ》にいる自分たちだけは奴隷頭《スレイブマスター》の地位にいられる**とでも思っているのか。

　統一教会は80年代、自民党が推進したスパイ防止法案（現在の特定秘密保護法の原型）を全面支持するキャンペーンを張っていた。私も高田馬場駅前で賛成署名をねだられ寒風の下、長々とトークを聞かされ大変な風邪をひいたのを覚えている。自民党の政策はすべて無条件で支持・協力する統一教会とはいえ、もし本当にあんな法案が成立したら**彼らの活動こそやりにくくなっただろうに**と思うのだが、あれも「自民党とコネのある自分たちだけは規制されない」と思っていたのだろうか。

もちろん年がら年中反体制でいられても困るが、権力を志向するあまり肝心の公正・平和・人権をないがしろにできる、しかもそのために信者に無給労働や詐欺を強いる宗教とは、一体何なのだろうか。

著者の意図とは違った視点から楽しめる（いや正直あまり楽しくはないですけど）のみならず、**真っ正面から読んでも著者の意図と正反対の効果を引き起こす**という点で、本書はもはやトンデモ本を超えた「超トンデモ本」と言えるかもしれない。

ページの都合もあり、またあまりにヤバすぎて本稿に記せなかったツッコミどころはまだ無尽蔵に残っている。みなさんも気が向かれたら穴埋めドリルに挑戦し、お父様の生涯を存分に学んでほしい。

淫教のメシアから国際的実業家まで様々な顔を持った、冷戦の特殊事情から生まれた希代のトリックスター・文鮮明は、結局人類救済を達成することもなく2012年9月3日、92年の生涯を終えた。

奇しくも**ドラえもんの製造日のちょうど100年前**なので（2112年9月3日）、みなさんも覚えて帰ってくださいね。（クララ・キイン）

究極の「韓国起源論」
『英語は韓国語である』（カン・サンスン）

根底にあるのは、強烈な韓国中心主義とキリスト教

「韓国起源論」――俗に「ウリジナル」（「ウリ［我々］」と「オリジナル」の合成語）と呼ばれる言説がある。これは、侍、茶道、剣道、相撲、桜（ソメイヨシノ）、味噌、醤油、豆腐、寿司、和歌、俳句など日本の文物《ぶんぶつ》がすべて韓国起源だとする韓国人の主張を指す。漢字など中国の人物・文物、ひいては世界四大文明を韓国起源だとする説もあり、これもやはり「韓国起源論」に含まれる。

「韓国起源論」という用語は日本におけるものであるが、実際に韓国では「日本の○○は韓国起源である」という主張や報道によく接する。その真偽は別として「韓国起源論」は韓国人の自尊心をくすぐるものについて語られることが多い。逆にそうではない文物に対しては敢えて起源を主張することはない。ネットで揶揄《やゆ》されているように、何にでも韓国起源を主張しているわけではないのだ。

ここでは、そうした理由で、壮大なスケールの「韓国起源論」ながら、韓国ではまったく注目されていない、『英語は韓国語である』という本を紹介する。

図書出版ホンイル
1998年

まず、この本の著者カン・サンスン氏の略歴を紹

介する。

1957年　出生。
1975年　人類の起源と民族起源問題について研究を始める。
1983年　高麗大学校行政学科入学。
1986年　民主化運動に参加。
1987年　韓国経済社会研究所に勤務。
1989年　現代自動車勤務。
1992年　国家政策創案活動。
（中略）
1998年　国家政策問題解決方法と人類起源の問題をはじめとする韓国語と外国語の相関関係を研究執筆しながら「人類平和研究所」設立準備中。

18歳の頃から「人類と民族の起源」についてご研究なさっているようである。職業は現代自動車の社員らしい。ちなみにカン氏が綴っているブログでは「国際言語研究院」院長を名乗っている。また、ブログの記述からカン氏はクリスチャンであることがわかる。

この本の「まえがき」をざっと読むと、その内容が大まかに理解できるのだが、**これがまた凄まじいほどの大スケール**である。

○世界で用いられている言語の根源は韓国語である。英語の起源も韓国語である。
○ゆえに人類最初の言語は韓国語である。
○それにもかかわらず文法が異なっているのは、印欧語ではアルファベットを使ったためである。
○なぜ韓国語が世界言語の起源となったかというと、韓国人が地球上で世界最初の人類、人類の始祖であるからだ。
○韓国人は約3万年前から狩猟と採集、原始的な農耕を始めた。紀元前1万5000年前から道具を用いた本格的な農耕を行い、世界各地に移動、言語と文化が拡散した。紀元前6000年前に一定の地域に居住するようになり、国家の概念が生じた。

これだけでも著者カン・サンスン氏が只者《ただもの》ではないということがわかる。まさに究極の「韓国起源論」である。カン氏はこんな言葉で「まえがき」を結んでいる。

……我々自身の思考方式を冷徹な立場で自省してみると、先進国だけが先んじた文明だという偽りに惑わされ、我々が持っている起源的な由来と本質も知らぬ間に、彼らが残したり伝えたりした知識のみに追従して生きてきたわけだ。（評者訳）

本文では「我々が持っている起源的な由来」とは何なのかについて述べられているのであるが、根拠の提示とか文献の引用とかは皆無。ひたすら自分の信じるところに従って容赦なく持論を展開してゆく。その根底には、強烈な韓国中心主義とキリスト教があるのだが、この二つが混在しているのは珍しいケースである。

カン氏はキリスト教信者の立場に立って進化論を否定している。だから、この本ではダーウィンの悪口が長々と書かれている。正しいのは神様が人間を太古にお作りになったという「創造論」である。だから、人間は太古から人間で、サルもどきから進化したわけじゃないのだそうである。言葉はもともと神様が人間をお作りになった頃からあったわけで、それが分化して世界の言語になったという。

で、どうしてそれがわかるのかというと、我々のしゃべっている言葉に古代語がそのまま混じっているからだそうである。たとえば「アウストラロピテクス・ボイセイ」（160万年前にいたといわれる人類の始祖。最古の化石人類の一つ）も韓国語だそうである。「ボイセイ」は韓国語で「보이세（ポイセ／見せろ）」、「アウストラロピテクス」は韓国語で「オシトルロピッタカゲ（옷이 털로 삐딱하게／服が毛でひねくれて）」という意味だという。これは古代人類が動物の皮で作った服を着ていたから名づけられたものだそう

だ。……この「ひねくれた毛の服を着た原始人」が進化して人類になったのだろうか……**それってやっぱり進化論ではないのか。**

「ホモエレクトス」も韓国語だと著者は主張する。「homo erectus」は韓国語の「イロソダ（일어서다／立ち上がる）」が語源。「ホモサピエンス」も韓国語。「잡히어서（チャッピオソ／捕まえられて）」「살피면서（サルピミョンソ／見渡しながら）」が語源だからだという。「ネアンデルタール人」も韓国語。「네 아는대로 되아요（ネ、アヌンデロデアヨ／はい知っている通りになりますよ）」つまり、これはネアンデルタール人が自分の能力の通りに成し遂げられる原人である、ということを表現した韓国語なのだそうだ。

「クロマニョン人」も韓国語である。これは「굴을 막아놓은（クルルマガノウン／洞窟をふさいだから）」という意味だからで、クロマニョン人がふさがった洞窟に住んでいたから、という理屈である。**穴に住んでいたからクロマニョン人……のわけないだろ!!** と思わず本を取り落としそうになったが、まだまだこれなどはついていける部分である。

アルファベットも韓国語から作られた？

カン氏は「ムウ帝国」（原文ママ）も「アトランティス」も韓国語だと述べている。「ムウ帝国」？「ムー大陸にあった帝国」ということだろうか？

カン氏によると、これらの大陸は1万2500年前に沈み、そこに住んでいた生存者が脱出して、鬱陵島《ウルルンド》や済州島《チェジュド》に到着。先住民が「お前たち、どこから来たんだ？」と聞くと「ムウ」と答えたという。

ここから韓国語の「ムッサラム（뭇사람／多くの人）」という言葉が生まれ、さらに「ムウ人が住んでいた（무우사람이 산다／ムウサラミサンダ）」という言葉が縮まって、鬱陵島の古名「于山国（ウサングク）」となった……という。すると**鬱陵島の住民はムー人の末裔《まつえい》なんだろうか？**

「アトランティス」については、その英文表記

「Atlantis」をローマ字で読むと「アセランディソ(앗의란디서)」になるが、これは韓国語の「앗이런데서(アイロンデソ/アッというところに)」という意味だそうである。この「アッ」というのは韓国語の「シアッ(種)」から由来したという。だからアトランティスに住んでいたのも韓国人。つまり人類は朝鮮半島から発生し、ムウ(原文ママ)やアトランティスなど世界各地に移住したのであり、世界の言語の根源も韓国語なのだそうである。

　人類の始祖は韓国人、世界言語の始祖は韓国語なので、アルファベットも韓国語を借用して作られたのだそうである。ABCD……XYZ26文字も韓国語である。ABCはローマ字読みすると「アボジ(아버지)」、つまり「父」という意味。DEFGHIJKLはローマ字読みして「テピゲヒジュケロ」と読み、韓国語で「テピゲヘジュルケ」、方言で「데피게 해줄게(덮이게 해 줄께로)」、つまり「かぶせるようにしてあげるから」。ということは「父親が母親の体に覆いかぶさる」という生殖行為(カン氏によれば「種付け」)を意味しているという。

ABCの順序がセックスのことを表しているとは

……つまり、ABCは子づくりの歌ということだ。

この調子で、カン氏はありとあらゆる英単語を韓国語に結びつける。カン氏はAで始まる英単語、Bで始まる英単語……というふうにアルファベット順に語源(もちろん根拠は皆無)を明らかにし、Zまで書き続けるつもりだったらしい。

　ただ、紙面の都合によりBで終わってしまっている。カン氏は次のように述べている。

> 　……このような語源にまつわる秘密と真実を明らかにするために、筆者としては20年余りの歳月の中で一つ一つ拾い集めてきたわけです。……筆者としては言葉にできない紆余曲折と波乱万丈の逆境の中で(真実を)明らかにした努力による結果がわが民族に限りない勇気と希望を与える契機になることはもちろん、これからも終わりなき練磨と研究精神で、我々と我々の子孫に限りない隆

一盛をもたらすことを期待する次第です。

その、20年余りにわたる筆舌に尽くしがたい努力の成果を紹介しよう。カン氏は「Abaddon（破滅の場所、地獄、奈落）」という英単語について、「これを韓国語に直すと『アベットン』となる。これはほかの男と情を通じ、不貞の子を妊娠してしまった女を穴に突き落として殺した習慣から来た単語」と説明している。「ア」は韓国語の「アイ（아이）」（子供）、「ベットン」は韓国語の「ペダ（배다）」（妊娠する）と解釈した結果である。

「Abaddon」の語源の説明はこれで終わらない。6ページにわたって語源にまつわる逸話《いつわ》が延々と書き連ねられている。できるだけわかりやすく要約してみる。

「大昔のこと。絶壁がそそり立つ山間の村にある部族が住んでいた。彼らは弓で狩猟をしていた。男たちはいつも食料を得るために狩猟に出かけていた。女は男が出かけて行った後に家の中の仕事をしていた。しかし数人の男たちが村に残っていたので、男女の姦通《かんつう》事件が起こることもあった。

あるとき、一人の女が男を誘惑して姦通するという事件が起こった。その女性は部族長が妾《めかけ》としてかこっていた女だった。男たちが出かけている間に、この部族長の妾は、留守番役の男と情を通じてしまった。それを知った村の男たちは激怒する。部族長は特に自分の妾を寝取られたので激しく怒った。しかし部族長は怒りを抑え、村人たちの会議を開き、この姦夫姦婦を処断することに決めた。

留守番役の男と部族長の妾は縄で縛られて引き出され鞭打たれる。しかし、二人は巧妙な嘘をついてその場をとりつくろい、姦通などしていないと言い逃れる。こうして当面の危機を免れた部族長の妾だったが、予期せぬことが起きる。姦通したときに思わぬ妊娠をしてしまい、それが数か月後に部族長にばれてしまったのだ。激怒した部族長は妾と相手の男を捕まえて絶壁から突き落とす。それで『アイベ

ンニョヌルトンジダ（아이 밴 년을 던지다／妊娠した女を投げる）』が『Abaddon』になって『奈落』という意味になった……」

もちろん文献資料や根拠は何もない。すべてカン氏の想像によるものである。「Abaddon」という**単語一つでこんなお話を作れるとは、すごい才能かもしれない。**

では、韓国でこの本はどのように評価されているのだろうか。「韓国起源論」が盛んに唱えられているお国のことだから、英語の起源は韓国語、人類の起源は韓国人、ムー大陸もアトランティス大陸も韓国人の居住地……というカン氏の主張は大人気……かと思えば、全然そんなことはないから世の中はおもしろい。

韓国で唱えられている「韓国起源論」はすべて韓国人が自尊心の支え、自分の付加価値とするに足ると感じたものについて語られている。それは「韓国起源論」の対象になった剣道、茶道、和歌、漢字などの例を見てもわかるだろう。

ところが、カン氏の主張はあまりにもスケールが大きすぎて、一般人はついていけないのである。いくら韓国起源といっても、クロマニョン人やネアンデルタール人のような「猿もどき」が韓国人と言われたところで、韓国人も全然うれしくないのである。「独島」ならともかく、実在すらあやふやなムウ帝国（原文ママ）やアトランティス大陸などが韓国の故地、とか言われても実感も興味も湧かない。

英語の起源が韓国語、というこの本の結論もそうである。ＴＯＥＦＬ・ＴＯＥＩＣの点数が上がるとか、受験英語の役に立つならともかく、語源に関する小噺《こばなし》が延々と書き連ねられているだけなので、まったく実用的ではない。

それが根拠のある語源説ならともかく、「ＡＢＣ」が「子づくりの歌」などという内容なので、なおさらだ。

それでも、**カン氏の主張はスケールが壮大なので、読んでいて爽快である。**類書と異なり、韓国文化の優秀性を語るために異文化をむやみに貶《おとし》めたり、民族感情をあおったりすることもない。

内容は荒唐《こうとう》無稽《むけい》であるが、著者の視野の広大さ（いささか広大すぎるが）、器の大きさが表れた奇書と言えよう。（水野 俊平）

「日韓架空戦記」20年の「進化」を読み解く

『1999韓日戦争』（白洛範）
『韓日戦争』（キム・ビョンウク）

「日韓架空戦記」のストーリーには共通項がある

韓国には、「日本と韓国が戦争をして、何だかんだで、結局韓国が勝つ」というジャンルの架空戦記小説がある。ここでは便宜上、この手の小説を「日韓架空戦記」と呼ぶ。

古くは１９９３年に出版され数百万部の大ベストセラーとなった『ムクゲノ花ガ咲キマシタ』（図書出版へネム、邦訳は徳間書店）が挙げられる。シベリアの原油採掘権を韓国に奪われた日本が、竹島（独島）の領有権紛争を口実に韓国に戦争を吹っかけ、韓国は日本に核ミサイルを撃ち込むという内容で、１９９５年には映画化もされている。

もう一つの大作としては、未だに軍事マニアの間で読み継がれている『デフコン・韓日戦争』（図書出版コド、１９９７年）が挙げられる。この作品は韓国

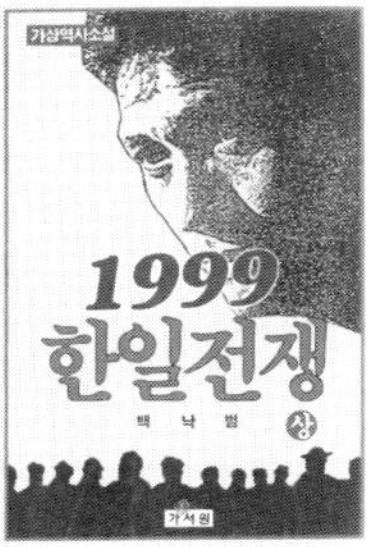

図書出版カソウォン
1992年

映像ノート
2012年

の軍事マニア雑誌『プラトーン』に連載されていたもので、戦争を吹っかけてきた日本を韓国と北朝鮮の連合軍が迎え撃ち、日本全土を蹂躙《じゅうりん》したあげく、核爆発で津波を起こさせて日本列島を水没させるという内容である。

　この二つの作品以外にも数多くの「日韓架空戦記」が出版されている。ただし、その内容はどれも似たり寄ったりである。これについては拙著『韓日戦争勃発⁉——韓国けったい本の世界』（文藝春秋、2001年）で言及したので、ここで詳しくは触れないが、**どれもストーリーが似通っており、日本に対する知識が貧弱であり、さらになぜ日本と韓国が戦争をするのか、という説明が不十分であるという点で共通している。**

『ムクゲノ花ガ咲キマシタ（上）』（金辰明・著、方千秋・訳、徳間書店）

　特に、①日本を陰で操る極右組織が自衛隊の力を借りてクーデターを起こす、②クーデターで誕生した日本の軍事政権が韓国に戦争を吹っかけ、侵攻する（その理由は「大東亜共栄圏の建設」「日本が沈没するから」など）、③初戦は日本が勝つが、最後は韓国が勝つ、**④韓国人主人公に惚れる日本人女性が現れて韓国の勝利に貢献する**、などの諸点は「日韓架空戦記」のストーリーにおける共通項である。

　90年代初頭には日本が一方的に韓国に侵攻し、全土を焦土化するようなストーリーが主流を占めていたが、徐々に韓国が日本の攻撃を撃退するという内容に変わり、90年代の中盤に至っては日本の攻撃を撃退した後、韓国が日本に侵攻するというストーリーへと内容的な変化を見せた。日本に核ミサイルを撃ち込む『ムクゲノ花ガ咲キマシタ』、日本列島を蹂躙して水没させるという『デフコン』のストーリーもそうした変化の表れである。

また、軍事オタクが主要読者であった『デフコン』は兵器に関する記述は詳細を極めているのに対し、韓国人主人公と日本の女性との恋愛はまったく登場しないなど、読者層によってもストーリーに変化が表れている。

その後も、現在に至るまで同様の「日韓架空戦記」は出版され続けている。誤解を招かないように述べておくと、こうした小説がすべて韓国でベストセラーになっているわけではない。大抵の場合、無名の作家が執筆し、中小の出版社から少部数で出版され、評論家による書評の対象にもならぬまま、ひっそりと忘れ去られていく作品が大部分である。それでも、似たり寄ったりの内容の作品が連綿と出版されているところを見ると、一定の需要はあるのだろう。

さて、ここでは１９９２年と２０１２年に出版された『韓日戦争』という作品を取り上げる。この二つ、作品タイトルはまったく同じなのだが、作者も出版社も異なる。まったくの別作品である。この二つの作品を比較することによって、「日韓架空戦記」が20年の間にいかなる進化を遂げたのかが把握できるはずである。

まずは１９９２年に出版された『**１９９９韓日戦争**』（図書出版カソウォン）から。この作品の著者・白洛範氏は１９５７年生まれ。韓国外国語大学・新聞放送学科を卒業し、小説執筆当時は韓国放送公社（ＫＢＳ）のスポーツ取材部記者だったという。

この作品のストーリーは「日韓架空戦記」の原型とも言える内容で、「韓国人に『日韓架空戦記』を書かせたら必ずこう書く」とでも言うべきプロトタイプに当てはまる。ストーリーを簡単に要約してみると次の通りである。

１９９９年、アメリカの経済政策に憤慨した自衛隊の総幕僚長キヨハラはクーデターを起こして自衛隊を「日本軍」に改編し、「初代大将」に就任、アメリカを牽制《けんせい》するために韓国侵略を開始する。初戦は連戦連勝し、ソウルに向けて快進撃を続ける日本軍であったが、韓国軍も九州一帯を爆撃するなど一進一退の攻防が続く。

この戦争の最中に日本軍司令官の一人であるカワムラが再度クーデターを起こして、キヨハラを粛清《しゅくせい》する。「日本軍」を掌握《しょうあく》したカワムラは毒ガス兵器まで使用して戦争を有利に進め、ソウル陥落《かんらく》も時間の問題となる。韓国軍は特殊部隊を日本に送り込み、カワムラを暗殺する。日本軍は総崩れになり、韓国から撤退する。

この作品の主人公は韓国の放送局の東京特派員なのだが、刺身包丁を振り回す日本の暴走族集団に妻子を惨殺《ざんさつ》される。復讐に燃える主人公は暴走族をすべて殺害した後、韓国に戻って特殊部隊で訓練を受け、日本に潜入してカワムラを暗殺する。

その主人公に惚れてあれこれ助けてくれるのが日本人女性・ヒロコである。ヒロコは「日本軍」大将・キヨハラの情婦の妹で、カワムラ暗殺後に捕らえられた主人公を韓国に送還させるのに尽力する。

作品を一読してすぐわかることであるが、作者の白洛範氏は日本事情に疎《うと》く、軍事知識も皆無である。何しろ、作品に登場する「軍艦」の名称が「ヒロヒト号」「ミヤザワ号」「ナガシマ号」、ミサイルの名称が「オクシマ・ミサイル」なのだ。

内務省、内務大臣、自衛大学、カジノ、警視庁長など日本にないものが登場するかと思えば、登場人物の名前は「保利新作《ホリシンサク》」「高橋保馬《タカハシヤスマ》」「岩野茂門《イワノシゲト》」「清原広巳《キヨハラヒロミ》」「重光退助《シゲミツタイスケ》」など歴史上の人物やスポーツ選手の名前を適当に分解して組み合わせたもの。「柳川房技《ヤナガワフサエ》」「東条莫機《トウジョウヒデキ》」「坂口方齋《サカグチマサイ》」などの誤字も多いし、女性の名前は姓もなく「ハナコ」「ヒロコ」「アキコ」である。

地名にも誤りが多く、大阪を「大坂」、新潟を「新湯」、鳥取を「島取」と書いたり、**東北を「トーフク」、小山（栃木県）を「コヤマ」と読んだり、習**

志野（千葉県）が東京にあったり、北九州が西日本最大の都市になっていたりする。ちなみにこの作品の邦訳は徳間書店から出ているが（『１９９９韓日戦争〔開戦編〕〔死闘編〕』）、こうした誤りはすべて翻訳者が直したという。

日本の文化に対する変な誤解も多い。主人公は警戒が厳重な「日本軍」の陣地にまんまと潜入するのだが、「日本人は他人のすることに関心を払わない」から発覚しなかったのだそうである。また、主人公は妻子を暴走族に惨殺されるのだが、その理由は「サッカーの日韓戦で日本が負けた腹いせ」である。

この暴走族については「（暴走族は）日本の歴史が記述されて以来、最初に日本を屈服させたアメリカに対する幼稚な模倣心理から発生したものである」「その根底には厳格な封建意識と強者に媚《こ》びへつらい、弱者に傲慢な日本人の性癖がある」などと書かれている。暴走族と封建主義を結びつけるあたり、日本人の発想ではまず不可能である。

ミリオタとインターネットの登場で内容が進化

さて、この『１９９９韓日戦争』出版から20年の歳月が流れた２０１２年、奇しくも同じタイトルの日韓架空戦記**『韓日戦争』**が出版された。作者はキム・ビョンウクという架空戦記作家である。

キム氏は地方国立大学の史学科出身で、これまでに『韓中戦争』『南北戦争』などの架空戦記を執筆している。著者略歴には生年や職歴などが記されておらず、いかなる人物なのかまったくわからない。ただし、この小説の前書きで２００１年に大学に進学したことが明かされており、年齢は30代前半だと思われる。

正直言って読了するまで、この作品も類書と同じく「自衛隊がクーデターを起こして韓国に侵攻するものの、日本人女性の助けを受けた主人公の活躍によって敗北する」という内容だろうとタカをくくっていた。しかし、その予想はまったく裏切られた。

ストーリーを簡単に要約してみると次の通りである。

1月1日（何年かは記されていない）。一人の日本人青年が軽飛行機で独島（竹島）に向かい、パラシュートで降下して上陸する。青年は独島から自分の映像を世界にネット配信し、日韓の平和を訴えるつもりだった。ところが、独島の警備隊が青年を捕まえようとして断崖から突き落としてしまう。

日本は青年の転落死を韓国による虐殺と非難し、日本の警察部隊を独島に上陸させる。韓国の警備隊と日本の警察部隊がにらみ合う中、海上自衛隊の潜水艦「くろしお」が韓国の潜水艦を撃沈する。

さらに海上自衛隊の護衛艦隊が韓国の艦船をミサイルで攻撃して戦争が勃発する。韓国は九州の自衛隊基地や門司《もじ》にミサイル攻撃を加え、独島を奪還するとともに、対馬に海兵隊を上陸させて占領し、日本を牽制しようとする。

ミサイル攻撃と独島奪還は成功するが、対馬占領は失敗に終わる。一方、海上では韓国海軍が海上自衛隊の護衛艦隊にミサイル攻撃を加え大勝をおさめていた。

この戦争の最中に海上自衛隊の潜水艦がロシアの原潜を誤って攻撃してしまうという事件が起こる。日本が国際的に孤立する中、対馬に潜入した韓国の特殊部隊が対馬空港の軍事施設を破壊し、韓国海軍の艦艇が「くろしお」を撃沈する。1月15日、外交的・軍事的な窮地に陥った日本は、韓国との停戦に合意する。

ストーリーからもわかるように1992年の『1999韓日戦争』では「日本軍」が意味もなく韓国に侵攻するのに対し、2012年の『韓日戦争』ではあくまで島嶼《とうしょ》をめぐる局地戦である。日本が韓国に戦争を仕掛ける動機づけに無理があることは『1999韓日戦争』と同様であるが、それでも類書に見られるような「大東亜共栄圏の建設」だとか「日本列島の沈没」などよりもはるかに現実味のある設定がなされている。

『１９９９韓日戦争』と最も異なっているのは、戦闘の描写の比重である。『１９９９韓日戦争』でも戦闘の描写はなされているが、兵器や戦術に関する記述はおざなりである。その代わり、延々と続く政治家同士の会議や交渉、軍人による作戦会合の描写は詳細を極めている。その分量があまりにも多いため、主人公の活動が隅の方に押しやられてしまっている感すらある。

これに反して２０１２年の『韓日戦争』では上下巻７５０ページに及ぶ分量のほとんどが兵器や戦術の解説、戦闘の描写に費やされている。その記述は微に入り細を穿ち、間違っても「ヒロヒト号」「オクシマ・ミサイル」のような間抜けた名前は登場しない。また、登場する日本人の名前もおおむね正確である。

さらに、日本に対する露骨な敵愾心《てきがいしん》の吐露も見られない。日本人や日本文化に対する偏見の混じった不正確な記述や、主人公と日本人女性との恋愛にページを割くこともない。ひたすら、戦闘シーンの描写のみが続くのである。

『１９９９韓日戦争』に比べて銃の射撃時やミサイルの発射・爆発時の擬声語が豊富なのも特徴である。よく読むと兵器によって射撃音や爆発音が細かく使い分けられており、作者のこだわりが感じられる。

この作品はわずか２週間の間に起こった出来事について上下巻７５０ページという膨大なページを費やしているのだが、それは戦闘シーンがあまりに詳細に記述されているからである（ちなみに『１９９９韓日戦争』は上下巻６００ページで３か月余りの出来事を描写している）。そうした点は大いに評価できるのであるが、あまりに延々と戦闘ばかりが続くので、軍事オタクではない読者にとっては読み進めるのが苦痛である。

作品にインターネットが登場するのもこの作品の特徴である。『韓日戦争』では韓国軍が諜報活動として「２ちゃんねる」「ニコニコ動画」などのネット掲示板の情報を分析しており、「日本のネット利用者が使う隠語や俗語を解読するのが問題であった」などという記述が見られる**（確かにあれを解読するのは大仕事であろう）**。

こうした「進化」の背景には様々な要因が考えられるが、最も大きな要因は作品の執筆動機の変化であろう。『1999韓日戦争』では憎んで余りある日本に勝ってカタルシスを得ることが執筆動機であったならば、2012年の『韓日戦争』では近代兵器が総動員される戦闘の描写そのものが執筆動機になっている。

単純に日本に対する勝利感を得るのが目的であったならば、日本に核ミサイルでも数発撃ち込めば済む話で、750ページを費やして戦闘シーンを描写する必要はないはずである。**この背景には韓国においても兵器や国防などに関心を持つ軍事愛好家（「ミリオタ」）が増加していることが挙げられる。**こうした愛好家が作者・読者であるため、作品において兵器や戦術の描写が最も大きな比重を占めているのである。

また、軍事愛好家たちはインターネットを通して兵器や戦術に関する専門的な情報を共有しているため、作者も迂闊《うかつ》なことは書けない。不正確なことを書くとネット上で容赦のないツッコミがなされるからである。作中において兵器や戦術に関する情報が精緻を極めているのは、こうした読者の専門性向上によるものであろう。

これからも韓国ではこうした「日韓架空戦記」が書き続けられることであろうが、どのような「進化」を遂げていくのか、関心を持って見守っていきたい。（水野 俊平）

あやふやな根拠で日本語と韓国語のルーツが百済語にあると主張した本
『日本語の正体——倭《ヤマト》の大王は百済語で話す』（金容雲）

百済から先進文化が伝来しても、百済亡命者が来ても、言語のルーツとは別問題

日本では時折、「日本語のルーツは○○語だった！」という本が出版される。去る2009年には『日本語の正体——倭の大王は百済語で話す』（三五館）という本が出版された。著者は韓国の檀国大学校教授・金容雲氏。この本には比較言語学上の大発見が記されているという。まずは出版社のホームページからこの本の紹介文を引用する。

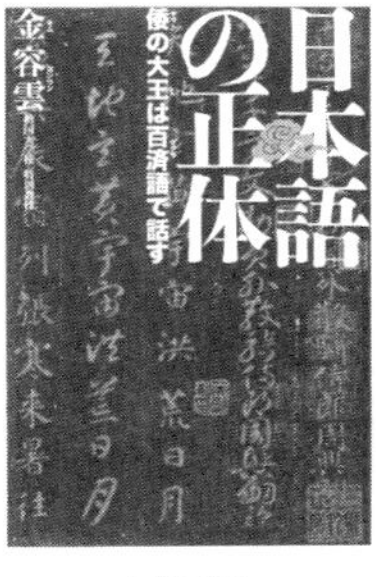

三五館
2009年
本体1500円＋税

> 日本語はどこから来たのか？
> 韓国の数学者・金容雲（キム・ヨンウン）教授は、つねづね日本語と韓国語を切り離して考えようとする研究者たちの説に、疑問を持ち続けてきました。（中略）金教授の探求は、日本と韓国の数詞の共通項を初めて発見し、発表するまでにいたり、ついに「日本語」と「韓国語」のルーツが「百済語」にあることを突き止めたのです！

何やらたいそう威勢のいいことを言っているが、この文章を書いた人物（おそらく出版社の社員）は百済語の研究状況を知っていてこんなことを書いているのだろうか。おまけに、この本の新聞広告には「学界騒然」などと書いてあった。学界も何も、小生の知るかぎり、この本の著者は今まで一度も日本や韓国の専門学会誌に自説を発表したことがない。販売用のあおり文句である。

この本の著者・金容雲《キムヨンウン》氏は1927年生まれ。檀国大学校特別教授。本に掲載された著者略歴によると、「韓国を代表する数学者にして、日韓文化比較の大御所」「東京大学でも客員教授を務めた」「日韓文化交流会議の韓国側代表として日本側代表の平山郁夫氏とパートナーを組んで、日韓の相互理解に貢献している」などと書かれている。

ここでは、「日韓文化比較の大御所」(自称)の「学界騒然」ものの学説を検証してゆく。ちなみに、この本では朝鮮半島で話されていた言語を「カラ語」と読んでいる。どうやら、「カラ語」とは古代朝鮮語を指す用語らしいのだが、これ以外にもこの本では高句麗語、百済語、新羅語、韓語、韓国語、さらには「古代日韓共通祖語」など多様な用語が登場する。しかし、**これらが一体どう違うのかさっぱり説明がないのだ。**

人文科学では用語の定義は極めて重要であるのだから、本来なら巻頭でこれらの用語の定義をきちんと説明すべきなのである。この時点で、すでにこの本は失格である。

「カラ語」の定義がどうであれ、そもそも古代朝鮮語の資料というものが非常に貧弱であることを指摘しておく。百済語の資料は、わずかな金石文を除けば、12世紀に編纂《へんさん》された『三国史記』、13世紀に編纂された『三国遺事』などに記された固有名詞、さらに中国・日本の史書に記された固有名詞などしかないのである。その固有名詞も漢字による借字表記、つまりは万葉仮名のような表記法(漢字の音訓を利用した借字表記法)で書かれている。要するに、百済語は後代の資料に記された地名・人名から類推するしかない。そこから再構された語彙《ごい》は研究者によって異なるが、100~200ほどにすぎない。

それにもかかわらず「日本語の正体は百済語」

「倭の大王はカラ語で話した」などと言い切るのは、相当に無理のある主張であるか、あるいは世紀の大発見を伴う主張であるかのどちらかである（ほぼ前者である場合が多い）。

金容雲氏の結論を大雑把《おおざっぱ》に述べると「日本語のルーツは百済語である」「韓国語のルーツは新羅語である」ということである。そして7世紀ごろまでは百済人と日本人は言語が同じであったため、通訳なしで話が通じていたと主張している。もっともらしく聞こえる話である。

古代日本が百済文化から大きな影響を受けていたことは事実だし、百済からの渡来人――百済滅亡時の亡命者（帰化人）――が大挙して日本に渡ってきたことも事実であろう。だから、日本人も百済人も親戚同士、日本語も百済語も同じようなものだったのだろう、などと考えられやすい。

しかし、言語学の世界ではこのような考えは通用しない。例えば、日本は古代から近世にいたるまで中国文化の影響を受け、漢文は知識人の素養であったが、だからといって「日本語のルーツは中国語である」などとは言えない。事実、日本語と中国語はまったく別系統の言語と見られている。

日本語と百済語の間にも同じことが言える。どんなに百済から先進文化が伝来しても、いかに多くの百済亡命者が来たとしても、それは言語のルーツとは別問題なのである。

しかし、日本と朝鮮半島はすぐ隣り合っているし、日本語と韓国語とが無関係なはずはないし、日本語と百済語も絶対に関係があるはず、と思っておられる向きは多いだろう。小生も、その可能性は高いと考える。しかし、そういう可能性があるからといって、思い込みだけで、日本語のルーツは百済語だとか、日本語と韓国語が同じ系統の言語だとか主張することはできない。言語を比較するにも、それなりの方法が確立されているのだ。

言語の親族関係を証明するための手段の一つとして、「語彙の比較」という方法がある。ただし、比較に用いられるのは、数詞・代名詞・身体語（体の部位を意味する語彙）・動物・植物・天体に関する、「基礎語彙」に属する語彙である。これらの基礎語彙は時代の流れによっても変化することが少ない。さらに、「基礎語彙」を比較して、「音韻が規則的に対応している」という「音韻対応の法則」が確立している場合にのみ、それらの言語には親族関係が認められるということになる。

この「基礎語彙」以外の語彙、例えば借用語（外来語）などは比較の対象にならない。また、擬声語・擬態語、幼児語などを比較に用いてはいけないことになっている。擬声語・擬態語はもとになる音や様態があるので似通ってくることが多い。言語を習得し始めた幼児の発語も似通っている場合が多いからである。

恣意的な引用をし、文献資料にない語彙を作り出し、上代日本語や古代朝鮮語を誤って解釈

さて、金容雲学説の売りは「日本語とカラ語の数詞の一致を発見した」ということらしい。基礎語彙である数詞の一致は言語の親族関係を主張する根拠となるから、確かにこれは重要な「発見」である。しかし、その「一致」というのが、実に疑わしいものである。

金容雲氏は日本語の「ふたつ（二）」が「カラ語」の「二」を表す数詞に由来すると主張している。その根拠は、高麗時代の朝鮮語を記した『鶏林類事』という宋の文献に出てくる「途孛」という語彙である。「途孛」は朝鮮語の数詞・「二」の音を漢字で表記したものであるが、金容雲氏はこれを「トルペ」と読み、この**「トル」が日本語の「つい（対）」の語源となり、「トルペ」の「ペ」が「ふ」になって、「ふたつ」の語源となった**と主張しているのである。

しかし、『鶏林類事』の「途孛」は「トルペ」などとは読めない。先行研究では、当時の漢字音や中期朝鮮語の語形を参考に「トゥル（둘ㅎ）」「トゥブル（두블）」を再構している。「トルペ」ではないの

である。

また『三国史記』の地名などから百済語の「二」は「tuhir」だと推測されている。さらに、「つい（対）」の語源は「カラ語」でも何でもなく、漢字「対」の唐音である。**「トルペ」なる数詞の存在があり得ない以上、そこから「ふたつ」が生じるわけがないだろう。**

金容雲氏は日本語の「よつ（四）」が「カラ語」の「四」を表す数詞に由来すると主張している。この根拠は「カラ語」の「ネッ（net）」が「netsu」になって、「yotsu（よつ）」になったというものである。「カラ語」の「n」が日本語の「y」になる例があるからだそうである。そして次のような例を挙げている。

[年齢]　ナイ nai ― yoai ― yowai　よわい（齢）
[夏]　ヨルム　yorumu ― natsu　なつ

金容雲氏は「古代日韓共通祖語に nyo に近い音があり、それが no または yo に分かれたのだと思います。小学校のとき、（中略）『万葉集』を『まんにょう』と習いました。それが、最近では『まんよう』と読んでいます」と述べている。

さて、「カラ語」の「[夏] ヨルム（yorumu）」が日本語の「なつ（夏）」になったという例を挙げているが、「ヨルム（여름）」は中期朝鮮語（文献資料では15世紀から16世紀まで）で「ニョルム（녀름）」である。一方、日本語の「なつ」は上代日本語（奈良時代およびそれ以前に使用されていた日本語）から存在していた。だから、「ヨルム」が「夏」になるわけがない。また「年齢」を表す中期朝鮮語は「ナッ（낳）」であって「ナイ（나이）」ではない。それが「yoai」になって「yowai」になるわけがない。**「よわい」は「ナッ（낳）」よりもずっと古い資料に現れるからである。**

さらに、「万葉」を「まんにょう」と読むことが「カラ語」の影響だと断じているが、これは日本語で起こる「連声《れんじょう》」という現象である。「観音」「天王寺」はそのまま読めば「かんおん」「てんおうじ」だが、実際には「かんのん」「てんのうじ」と読んでいるのと同じことである。

結局、**『「カラ語」の「n」が日本語の「y」になる』という「法則」があやふやなので、「カラ語」の「ネッ（net）」が「netsu」になって、「yotsu（よつ）」になったという説も疑わしい。**

「九」について、金容雲氏は日本語の「ここのつ（九）」が「カラ語」の「アホ（九）」に由来すると述べている。『鶏林類事』には「九」が「鵝好」と書かれており、「鵝好」は「カラ語」でアホ、それを日本語読みにすると「がこ」となり、後に「ここ（のつ）」になった、というものである。もっともしい説明であるが、そもそも「鵝好」という表記は、宋代の中国人が当時の漢字音で高麗時代の朝鮮語を表記した結果である。**古代の朝鮮半島で「鵝好」と書いて「アホ」と読んでいたわけではない**のである。

ましてや、それを日本人が「がこ」などと読んで日本語に取り込むわけはない。金容雲氏は日本語の「九」が「ここ」だったと考えているようだが、上代日本語では「九」は「ここの」であって「ここ」ではない。「ここのか（↑ここぬか）」「ここのえ（九重）」などを見てもわかるように、「ここのつ」は「ここの」に助数詞「つ」が付いた形なのである。

さらに、金容雲氏は日本語と韓国語の間で「20」や「1000」が一致したと主張している。「20（はたち）」は、もともと「ふた（2）」に「ち」がくっついたものであり、「ち」は「10（と）」が変化したものだと説明している。「2（ふた）」の語源が「カラ語」の「ぺ」（これが誤りであることはすでに指摘した）、「10」の高句麗語は「ト」なので（これは既存の学説を流用）、「20（ふた＋ち↓はたち）」も「カラ語」であるという論理らしい。

では、なぜ「20」を意味する「カラ語」とやらの提示がないのだろうか。金容雲氏が好んで引用する『鶏林類事』を見ると、「『二十』は『戌沒』である」と書いてある。これは中期朝鮮語の「スムル（스

믈)」、現代韓国語の「スムル（스믈）」とほぼ同じである。どう頑張ってみても**「スムル」と「はたち」を関連付けることができないから提示しなかったのだろう。**

また、「はたち」の語源については、「ハタ」を「フタ（2）」の転訛として、「チ」を「10」の意味とする説もあるが、ハタを「20」の意味ととらえ、「チ」を接尾辞とみる説の方が有力である。『新古今和歌集』で「20巻」を「ハタマキ」、『源氏物語』で「20年」を「ハタトセ」と言っていることからもこれがわかる。金容雲氏の説に従うとそれぞれ「ハタチマキ」「ハタチトセ」と言わなければならなくなるではないか。「チ」は「モモチ（100）」のようにものを数えるときに添えられる接尾辞で、「ヒトツ」「フタツ」の「ツ」と同源であるとされている。

金容雲氏は、「30」は「みそ」と読み、「みそ」の「そ」は「韓語」の「ソン（手）」の「so」から出たもので、指の数が10個あるから「10」を表している、と述べている。「30」を「みそ」と読むのは事実であり（「三十路」を「みそじ」と読むように）、「み」が「3」を、「そ」が「10」を表すということは常識的に理解できる。しかし「そ」が韓国語の「ソン（손）」だというのは金容雲氏以外には唱えていない「学説」である。もちろん文献的な根拠もない。

なぜ、こんな苦しまぎれの主張をしているかというと、金容雲氏が好んで引用する『鶏林類事』では「30」を「実漢」と記しているからであろう。これは中期朝鮮語の「ショロン（셜흔、30）」の発音に通じるものがある。これは「みそ」と似ても似つかない形で、日本語と関連付けることができないので、上記のような主張をしたのだろう。

金容雲氏は「韓語」（「カラ語」とどう違うのかは不明）の「モド（모도）」は「すべて」という意味であり、これが上代日本語の「もも（百）」や日本語の「みんな」と対応する、と述べている。韓国内の研究では、百済語研究の泰斗《たいと》である都守熙教授（忠南大）が王名の「温祚」と「百済」の対応から、「百」は「温（on）」である、と述べている。これは王号の

「温祚」が単純な王号ではなく国名の「百済」と対応すると見た結果である。いずれにしろ、「モド」ではないのである。中期朝鮮語でも「百」は「온（オン）」である。

金容雲氏が好んで引用する『鶏林類事』にも「醞（オン）」と書いてある。これが「もも」だの「みな」だのに似ても似つかない形で日本語とこじつけることができないから、無理やり「モド（すべて）」を持ってきたのであろう。

また、金容雲氏は「古代韓語」の「千」は「チュモン」であると主張し、「韓流ドラマで一躍有名になった朱蒙（チュモン）の名ははじめ、千名の将という意でつけられたのでしょう」「20世紀最後の2000年に生まれた子、チュモンドンイは漢字語で『千童』です」などと述べている。そして、この「チュモン」の「チ」が上代日本語の「チ（千）」と一致すると主張し、「『千』の古代日本語は『ち』で八千代（やちよ）、千鳥（ちどり）と読んでいます」と述べている。

確かに韓国では2000年に生まれた子を「チュムン・ドゥンイ」と呼んだ。しかし、「チュモン・ドンイ」ではない。なぜ「2000年に生まれた子供」をそう呼んだかというと、中期朝鮮語で「千」を表す語彙が「チュムン」だったからである。朱蒙（チュモン）とはまったく関係がないのだ。

大体、「朱蒙（チュモン）」は文献によって「皺牟」「皺蒙」「中牟」「仲牟」「都牟」などの字として現れ、必ずしも「チュモン」と読んだかどうかはわからないのである。しかも「朱蒙」とは扶余（現在の中国東北部にかつて存在した民族およびその国家）の古語で「矢を巧みに射る者」という意味だとちゃんと『三国史記』に書いてある。「千名の将」などではないのである。

金容雲氏が確認したとする「数詞の一致」とは以上のようなものである。『鶏林類事』から恣意《しい》的な引用をしたり、文献資料にもない語彙を作り出したり、上代日本語や古代朝鮮語を誤って解釈していたりする。**このようなあやふやな根拠で「言語の親族**

性」を発見できるなら、比較言語学という研究分野は児戯《じぎ》に等しい、ということになる。

金容雲氏の誤りはこれにとどまらない。金容雲氏は日本語の語彙をあれこれ引用し、それを「カラ語」（古代韓国語らしきもの）と結びつけているのだが、この説明に非常に誤りが多い。例えば金容雲氏は「家にあれば笥《け》に盛る飯《いひ》を草枕旅にしあれば椎の葉に盛る」という万葉集歌の「笥《け》」について次のように述べている。

> ここに出てくる「笥（け）」はカラ語で「キ」で、「パブ」は「めし（飯）」という意味です。「キ」は「キニ」ともいい食事のことで、「ハンキ」は一宿一飯というときの「一飯」に相当します。『岩波古語辞典』では「笥から食事をあらわす意味になった」とあります。しかしカラ語の「キ」が「け」になったと考えるとその逆で、食事を意味する「キ」から「笥（け）」が出たようです。日本語では飯を盛る食器が笥「ケ」または「キ」で、カラ語では飯そのものが「キ」なのです。ある時期には「ケ」と「キ」の両方が食事を意味するものと見なされていたのです。（27ページ）

具体的な資料名はまったく提示されていない。それもそのはず、**「キ」「ケ」が食事の意味で用いられたことを立証する古代朝鮮語の資料などない**からである。しかもその説明も間違っている。

確かに韓国語で食事のことは「キニ（끼니）」という。しかし、中期朝鮮語において「キニ」は「時（とき）」という意味でしか使われていない。おそらく「その時々に食べる食事」という意味は後から加わったと思われる。

また、韓国語で「キ（끼）」が食事の回数を表す依存名詞であることは事実であるが、「食事」という意味ではない。例えば「タンスがひと棹」「タタミ一畳」と言うとき、「棹《さお》」や「畳《じょう》」はタンスやタタミそのものを意味するわけではない。タンスを指して「さお」、タタミを指して「じょう」と呼ぶ人

はいないだろう。だから食事を「キ」「ケ」というのはどう考えてもおかしい。

中期朝鮮語にすらなかった語彙を作り出して、それを無理やり『万葉集』にこじつけているわけである。同様の例を挙げよう。

魚、すなわち「うお」がもともと「いお」であったといわれ、それはカラ語の鯉を意味するインオと関係があります。……しかしそれらの語源はカラ語の鯉「インオ（ingo）」から分かれたものです。（30ページ）

韓国語で「鯉」を「インオ（잉어）」ということは事実である。しかし、これはカラ語だの百済語だのではなく、漢字語の「鯉魚（리오）」から来たもので、中期朝鮮語でも「리오」（『訓蒙字会』）という形で用いられている。それが「ニオ（니어）」→「イオ（이어）」→「インオ（잉어）」となったもので（こうした変化は文献でたどることができる）、それこそ「魚（うお）」とは何らの関係もない。

日本語の「うお」は『日本書紀』に収められた歌謡に現れており、「カラ語」の「インオ」から分かれたものではない。**朝鮮語史の面から見ても、日本語史の面から見ても誤りだということである。**

この他にも、いちいち指摘するのが面倒臭くなるほど、誤った記述があふれているが、紙面の関係上省略する。

２００９年９月28日付読売新聞には小倉紀蔵・京都大学教授の書評が掲載されている。小倉氏は「とうてい首肯できない語呂合わせ」が含まれていることは認めながらも、「検証はこれからの課題」として、次のようにも述べている。

１９２７年生まれの著者は韓国の著名な数学者であり文化比較論者。日韓の古典から今の文化や社会まで、何から何まで熟知しているこういう世代は、もう二度と歴史に現れないだろう。著者はまた日韓文化交流会議の韓国側代表を長くつと

め、日韓の友好に多大な尽力をしている人物である。

また、２００９年12月2日付東京新聞（論説室から）には「日韓の古代語、方言ほどの近さ」というタイトルで山本勇二記者が次のような書評を書いている。

> 隣国だから（日本と韓国の――引用者）言語の起源も近いのではと思うのだが、それを証明した著作にはお目にかかったことがない。（中略）金容雲氏は八十二歳。戦前、日本で育ち大学まで通った。古代史、民俗、方言と、博識には圧倒される。二つの民族は「六、七世紀には通訳なしで会話ができた」という推測もある。日韓の若い世代で、双方の古語を研究し、言語の起源解明に挑む人材の登場を願っている。

この本の内容を読む限り、金容雲氏が**「日韓の古典」について、「博識に圧倒」されるなど「何から何まで」熟知しているようには見えない。**

「数詞の一致」や「日本語のルーツ」が発見されたと思い込んでいるのは金容雲氏と出版社の編集者、そしてこの本の内容に感動している一部読者の皆様だけだろう。当然、学界が騒然となるような内容ではないのである。（水野　俊平）

「ウリナラ・ファンタジー」の起源となった超古代史本の註釈書

『桓檀古記』

注釈者・安耕田氏は韓国の民族系新興宗教の指導者

ここでは、韓国で最もよく知られている韓国超古代史の原典、『桓檀古記《かんだんこき》』を紹介する。聞いたことのない方も多いと思うが、この『桓檀古記』こそ、韓国超古代史信奉者《しんぽうしゃ》の聖典なのである。韓国の書店に行けば、「古代史」のコーナーに、正統派の専門書に混じって、こうした超古代史本がよく置かれている。その中でも、特に多いのが『桓檀古記』の訳本や注釈本である。

よく、ネット上で「韓国の歴史は1万年」だとか「世界4大文明の起源は韓国」などという記述が見られ、日本では「ウリナラ・ファンタジー」などと揶揄されているが、その起源をたどってみると、この『桓檀古記』に行きつくことが多い。

『桓檀古記』の原本はすべて漢文で書かれており、難解な語彙も多く、一般人には読みづらい。しかし、最近、**『桓檀古記』の画期的な註釈本**が出版され、一般人でも気軽に読み解けるようになった。それがここで紹介する、相生出版社版『桓檀古記』である。

この註釈本では原文が韓国語の文章に「国訳」され、詳細な註釈と解説が付け加えられている。ただ

相生出版社
2012年

し、その分量は膨大で、『桓檀古記・訳注完刊本』は１４２４ページに及び、小生が買った普及版（徳用版）でも５００ページ以上の分量がある。本文の「国訳」や註釈にとどまらず、年表や図版が豊富で、正統派史学との主張の差、『桓檀古記』の成り立ち、『桓檀古記』否定論者への批判なども収録されるなど、類書に比べ、その内容は斬新である。

この註釈本がソウルの大型書店で平積み、山積みになっているのを目撃したが、実はこうした超古代史関係の書籍は一般人が好んで買い求めるものではない。熱烈な支持者はいるものの、それほど売れる本ではないのだ。出版社が赤字覚悟で出したのか、と思ったが、訳注者の名を見て納得がいった。この本の註釈者・安耕田氏は韓国の民族系新興宗教・甑山道の指導者なのである。この甑山道の信仰対象には檀君が含まれており、檀君が登場する『桓檀古記』の内容は甑山道の教義を広めるのに都合がよかったのであろう。もちろん、この註釈書を出版した「相生出版社」も甑山道系の出版社である。

この註釈書の帯には「人類創成の歴史と韓民族９０００年の国統脈を正す人類原型文化の原点！」という惹句《じゃっく》が躍っている。

一体、この『桓檀古記』とはどんな本なのか。一言で言えば、韓国の超古代史を記した史書である。この本は「三聖記」「檀君世紀」「北扶余紀」「太白逸史」という、もともとあった（とされる）４冊の本を１冊にまとめたものである。まとめたのは桂延寿（?～１９２０）という人物。独立運動家だったとされる。

この桂延寿が１９１１年に４冊の本を筆写した後に、『桓檀古記』という書名で印刷した。そして弟子に「１９８０年になったら、この本を世に公開せよ」と遺言して亡くなったという。１９７９年になって、この本は遺言通りに世に公開され、韓国超古代史の聖典となったのである。

『檀檀古紀』にまとめられた４冊の本の内容を簡単に見渡すと次の通りだ。

「三聖記」は朝鮮民族の起源から檀君朝鮮の建国と

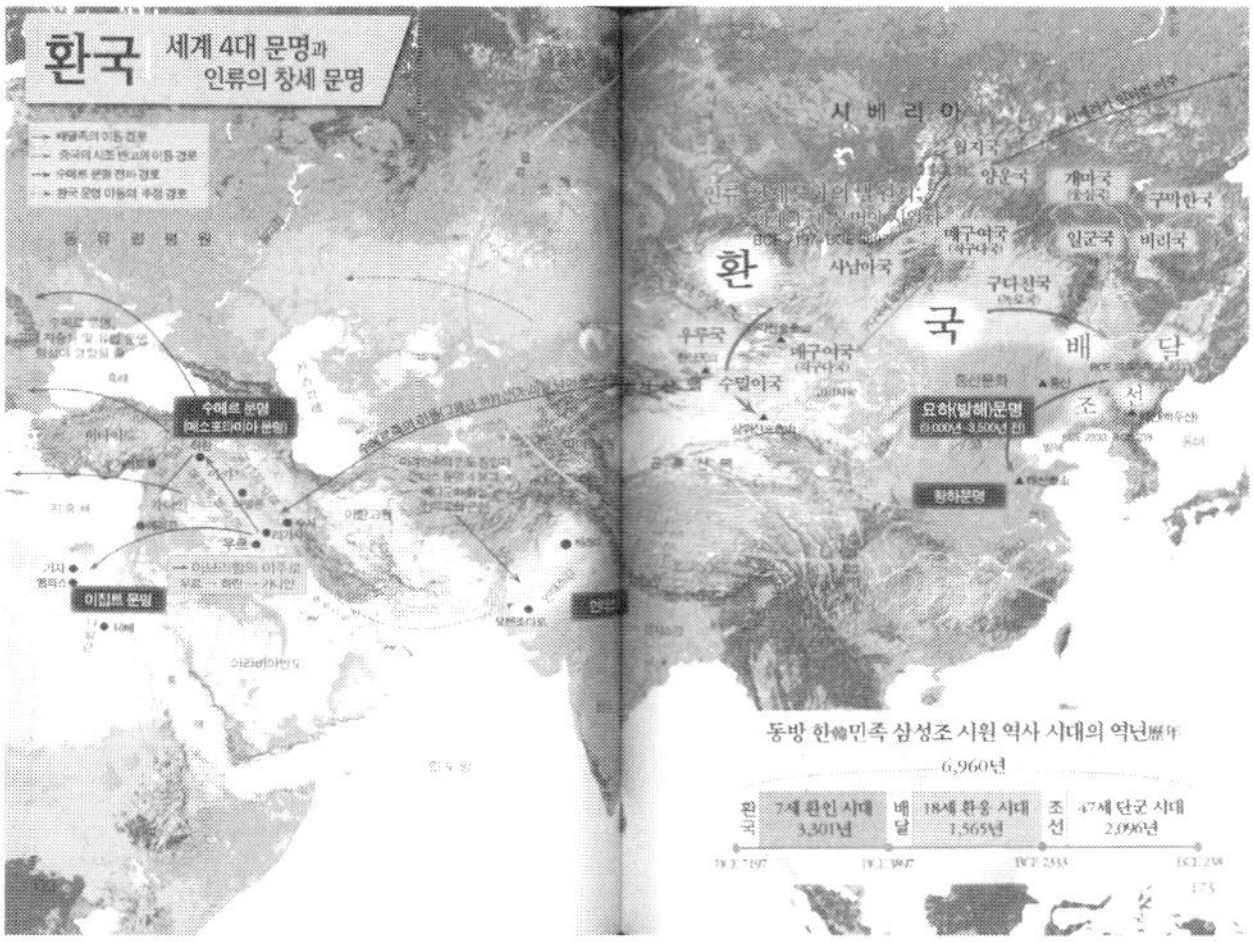

『桓檀古記』より、「桓国」の文明が全世界に拡散し、世界4大文明（エジプト、シュメール、インダス、黄河）になったことを示す図。紀元前7197〜紀元前3897の間に起こったことだという。

その歴史が書かれている。「三聖」とは「檀君朝鮮」の始祖とされる桓因・桓雄・檀君を指す。

「檀君世紀」は47代・1096年にわたる檀君朝鮮の歴史が記されている。

「北扶余紀」は「檀君世紀」の続編とも言える内容で、「北扶余」と「迦葉原扶余」という古代国家の歴史が記されている。

「太白逸史」は桓仁が建国したとされる「桓国」という古代国家から高麗までの歴史を収めている。

これらの史書がまとめられた**『桓檀古記』が描き出す韓国の古代史は壮大、というか超絶である。**以下、できるだけわかりやすく要約してみよう。

朝鮮最初の古代国家である「桓国」は紀元前7197年にバイカル湖畔に建国され、「桓因」という統治者によって7代・3301年にわたり継続した。その後、紀元前3865年に「倍達」という古代国家が建国され、「桓雄」という統治者によって18代・1565年にわたって継続した。その後、紀元前2333年に檀君王倹によって「檀君朝鮮」が建国され、「檀君」という統治者によって47代・2096年にわたって継続した。その後、紀元前3世紀になって北扶余・南三韓などの「列国」が生まれ、それが高句麗・百済・新羅となり、統一新羅・渤海を経て高麗・朝鮮時代を迎えた……。

紀元前7197年に建国された「桓国」が起点となっているから、韓国の歴史は9200年余り、ということになるのである。ゆえに、この「桓国」は世界最古の古代国家で、世界4大文明の発祥地ということになるのだそうである。**中国の古代国家・商（殷）代を建国した天乙（湯）や、古代日本を建国した「神武天皇」も「檀君朝鮮人」なのだそうだ。**

朝鮮時代初期にはなかった清代の地名が現れる

韓国の正統派史学は『桓檀古記』に書かれている「桓国」「倍達」「朝鮮」のような古代国家の存在やその歴史を認めていない。もちろん、中国や日本の起源が古代朝鮮である、などという主張も認めていない。この理由は『桓檀古記』の資料的価値がまったく認められていないからでる。

『桓檀古記』を構成する4つの書物はすべて朝鮮時代前期以前に編纂されたことになっている。ところがその書名は「三聖記」を除き、1979年に至るまで『桓檀古記』以外には一切引用されていないのである。「三聖記」だけは『朝鮮王朝実録』にその書名が現れるが、それとて『桓檀古記』の「三聖記」と同一のものだという根拠はない。このことは『桓檀古記』が20世紀、それもつい最近になってから書かれたものではないかという疑いを起こさせるのに十分なのである。韓国の学界が『桓檀古記』の資料性を否定するのは、このような状況証拠だけではない。

『桓檀古記』には、この本が書かれた（とされる）朝鮮時代初期には現れるはずがない清代の地名が現れているのである。たとえば「檀君世紀」「北扶余紀」「太白逸史」などには「寧古塔」という地名が現れるが、寧古塔は清朝を打ち立てた愛新覚羅氏の発祥の地であった。そこからもわかる通り、清代に作られた地名である。また「檀君世紀」「太白逸史」には「長春」という地名が現れるが、「長春」という地名は清の嘉慶年間（１７９６～１８２０）に使われ始めたものである。

このことから、「檀君世紀」や「太白逸史」が朝鮮時代初期までに書かれたという『桓檀古記』の「凡例」の記述が嘘であることがわかる。おまけに**「檀君世紀」には「文化」という語彙が、「太白逸史」には「原始国家」という語彙が使われているが、これらの語彙は近代になって使われ始めたものである。**

また、「檀君世紀」の「序文」に朴殷植の『韓国痛史』（１９１５年）の引用がある。さらに、すでに偽書であることが明らかになっている『檀奇古史』という本からの引用があったりする。『檀奇古史』は１９４９年に出版されて初めて世に知られたという経緯があるため、**韓国の歴史学者は『桓檀古記』は少なくとも１９４９年以後に完成したと見ている。**

『桓檀古記』を構成する史書は「李嵒」「休崖居士・范樟」「李陌」など実在の高麗人・朝鮮人によって書かれたことになっているが、彼らは名前を利用されただけで、それらの史書とはまったく関係がないと考えられている。

『桓檀古記』の編纂過程にも疑念が持たれている。１９１１年に桂延寿が筆写・印刷したという『桓檀古記』の写本やその原本は存在しない。そもそも、『桓檀古記』を最初に筆写・印刷した桂延寿すらも、『桓檀古記』と関連があったのか疑わしいと見られている。

桂延寿は独立運動のかたわら、『桓檀古記』を筆写・編纂し、１９１１年に完成させたことになっているが、これを客観的に立証できる資料は存在しない。弟子の李裕岦（１９０７～１９８９）という人物の証言だけが唯一の根拠なのである。

桂延寿は、この李裕岦という人物に『桓檀古記』の写本を渡し、１９８０年に公開するように言い渡したという。その後、桂延寿は日本の密偵に暗殺され、遺体は四肢を切断されて遺棄されたことになっている（このことを立証する資料もない）。韓国の月刊誌『新東亜』（２００７年９月号）によると、李裕岦氏の夫人・申梅女氏は取材に対し、「桂延寿という人物については知らない」「解放（１９４５年）前後に夫が『桓檀古記』を持っていたかもしれない」などと述べている。つまり、李裕岦氏の夫人も、その当時、『桓檀古記』を見たことがなかったのである。

大体、１９１１年に筆写・印刷した本を１９７９年に公開すること自体が不自然極まりない。何のために公開を70年遅らせたのかがわからないのである。むしろ、１９７０年代になって書かれたと見るのが自然である。

李裕岦は桂延寿から『桓檀古記』の写本を譲り受けて保管していたが、現在、この本は存在しない。どこへ行ってしまったのかというと、１９７６年、李裕岦が住んでいた借家の大家が、**たまった家賃を回収するために売り飛ばしてしまった**のだという。

しかし、１９４９年に新たに筆写した『桓檀古記』があったため、それをもとに１９７９年に出版できたのだそうである。

大家が売り飛ばしてしまったのは原本ではなく、１９４９年に筆写した『桓檀古記』で、桂延寿から譲り受けた『桓檀古記』の写本はそれ以前に紛失していたという説もある。つまり、１９４９年に筆写されたという『桓檀古記』も現在伝わっていないのだ。『ハンペダル』という雑誌（２００１年７月号）には、大家が『桓檀古記』の写本をすべて売り飛ばしてしまったため、李裕岦は記憶をたどって新たに書き直したと書かれている。この『ハンペダル』は韓国超古代史の信奉者がしばしば寄稿している雑誌である。要するに、**『桓檀古記』の「写本」はすべて現存せず、そもそも、そうしたものがあったかどうかも疑わしい**のである。

結局、『桓檀古記』を編纂したのは、桂延寿から『桓檀古記』の写本を預かり、１９７９年にそれを印刷したと主張する、李裕岦その人だと考えられている。
この李裕岦という人物は1907年に平安北道朔州で生まれた。字《あざな》は采英、中正、号は静山樵人、檀下山人、湖上逋客、檀鶴洞人など多数。父親が独立運動家であったため、李裕岦も幼いころから愛国抗日意識が強かったという。以下、李裕岦の略歴を簡略に述べる。

1919年　満州に移住。民族宗教団体・檀学会が主管する「倍達義塾」に入学。『桓檀古記』を筆写・印刷した桂延寿らの教えを受ける。

1921年　朝鮮独立少年団の組織活動に参加。後に団長として抗日運動に参加。

1927年　普通学校を卒業。その後、1930年に教育団体「三育社」を設立、儒学団体機関誌の主筆などを務める。

1939年　「新豊学院」を設立。日本の神社参拝・創氏改名などに抵抗したため、廃校処分を受ける。

1945年　抗日運動で日本の憲兵隊に捕縛《ほばく》される。日本の敗戦で釈放。10月に「檀学会」機関誌の主筆になる。

1946年　機関誌の内容が問題になって拘束される。48年に再び拘束される。

1963年　「檀学会」を継承して、「檀檀学会」を発足させ、会長に就任。

1973年　ソウルに移住、著作活動に専念。晩年には「国史回復協議会」を発足させ、歴史修正運動にも関心を寄せた。1989年没。

公になっている李裕岦の略歴は以上である。この略歴は韓国精神文化研究院（現・韓国学中央研究院）が発刊した『韓国民族文化大百科事典』などにも収録されており、広く信じられてきた。
相生出版社の『桓檀古記』註釈本でも、ほぼ同じ内容が記されている。かくいう小生もそう信じ込んできた。ところが、最近の研究で李裕岦のこの略歴がきわめて疑わしいものであることがわかっている。

李裕岦は自分を独立運動家の家系の出身であり、自分も独立運動家であったと主張している。しかし、**最近発掘された資料には、それを全面的に否定する内容が含まれているの**である。

李裕岦は１９３０年に「三育社」という教育団体を設立し、『三育』という雑誌を発刊しているが、１９３１年３月２日付の『東亜日報』には、この雑誌が警察署の許可を得て発行されたと書かれている。また、李裕岦は１９３１年に朝鮮総督府が発行する月刊誌『朝鮮』に詩を投稿して掲載されている。独立運動家が植民地支配者である総督府発行の雑誌に詩を投稿するだろうか？

１９３３年に李裕岦は「朝鮮儒教界」という団体に加入し、１９３５年にこの団体の機関誌の主筆になっている。ところが、この団体は植民地朝鮮における儒学者の代表的親日団体であり、その機関誌には朝鮮総督・齋藤実が直接激励文を寄せるほどであったという。

１９３９年に李裕岦が設立した「新豊学院」も、この朝鮮儒教会の傘下《さんか》機関であった。１９４１年、李裕岦は東京の日本青年社が募集した「公徳標語」に応募して、銅賞に入賞している。その標語は「守らねば一人の利益、守れば万人の利益」というもので、植民地下における法順守を訴えるものであった。

これらの衝撃的な経歴は、イ・ムニョン『作られた韓国史』（パランメディア、２０１０年）によって初めて明かされたものである。『桓檀古記』を認めない正統派学界を執拗に攻撃している韓国超古代史信奉者たちも、この経歴については固く口を閉ざしたままである。

小生はこれを読み、李裕岦が『桓檀古記』を書いた理由がおぼろげながらわかったような気がした。李裕岦が膨大な『桓檀古記』を執筆し、壮大な超古代史を創制したのは、**植民地下で親日派であった自らの過去を封印し、愛国者として再出発するための自己再生作業であったのではないか、**ということである。（水野　俊平）

主体《チュチェ》のパラダイスよ、花の朝鮮〜♪

『別冊週刊読売九月号　緊急特別企画　チュチェの国——朝鮮』

読売新聞社
1972年
品切れ

1972年の夏休み

かつて昭和の御代、朝鮮総連が在日朝鮮人の帰国事業推進のため北朝鮮を**「地上の楽園」**と宣伝していたことは有名だが、当時、朝日新聞や岩波書店などのいわゆる「進歩的文化人」系御用達《ごようたし》大手メディアも北朝鮮を礼賛《らいさん》し、その宣伝の片棒を担いでいたと言われており、現在でもネットなどで揶揄されている。

今回紹介する1972年9月刊行のムックも、御年60歳当時の金日成（例の**首の後ろのコブ**もまだ目立たない）が微笑む表紙をちらっと見れば、大抵の現代人はまたどこかの妄想左翼メディアの本かと思われるにちがいない。そして最上段の**「別冊 週刊読売」**という文字に気がつき「え？」と二度見されることだろう。

読売といえば押しも押されぬ保守系新聞社の盟主である。その読売ともあろう者が**「チュチェの国——朝鮮」**かと。**「画集：金日成首相伝」**かと。この表紙を見せるだけで誰もが目を丸くしてくれるので、紹介する方も実にラクである。

しかし**出オチで原稿料を頂戴するのもさすがに気が引ける**ので、このオーパーツが誕生した背景を少しばかり解説させていただく。

69年正力松太郎社主が死去してから80年代渡邉恒《ナベツ》雄《ネ》氏が実権を握るまでの間「保守の空白期」があったせいなのかどうかはわからないが、当時の読売新聞は、現在思われているほどガチ保守な媒体ではなかった。

読売新聞社には当時、金日成と3度も直接会見、『金日成物語』『金日成満州戦記』など金日成関連の著書も上梓している高木健夫《たけお》氏（1905〜81）が論説委員会顧問として在籍していた。高木氏は読売朝刊1面コラム「編集手帳」の初代担当として、1949年から17年間同欄を執筆してきた、社の重鎮の一人でもある。

他にも数度にわたり北朝鮮を訪問し取材を重ねた佃有《つくだたもつ》記者（元読売新聞編集委員、2012年79歳で死去）も第一線にいた。佃氏は72年1月前述の高木氏とともに金日成にインタビュー。75年10月には読売新聞社の訪朝記者代表団長も務めている。

なにもこのお二方だけが熱烈に北朝鮮を偏愛する特殊な嗜好《しこう》の持ち主だったわけではない。読売新聞社自体も、72年4月『金日成首相の思想』（金炳植著）を刊行（本ムックにも大々的に自社広告を載せている）。73年には金日成本人の『祖国統一への道』および『金日成主席談話集』、74年には『チュチェの国　朝鮮を訪ねて』（安井郁、高橋勇治編）という**北朝鮮萌えアンソロ本**まで立て続けに刊行している。

国立情報学研究所のデータベースまで調べてみたが、アジア問題専門の版元ならともかく、読売クラスの新聞・出版社で当時ここまで北朝鮮に入れ込んでいた社は他に見当たらなかった。そう、今では忘れられているが、70年代当時は**読売こそ北朝鮮礼賛メディアの代表格だった**のだ。

ただし読売の名誉のためにもう1点、これも完全に忘れられているので注記しておかねばならない。当時、**「朝鮮半島の軍事独裁国家」といえば北朝鮮ではなく韓国のことだった**のである。正確に言えば、韓国の方が北朝鮮よりはるかにひどい人権侵害国家と見られていたのである。

1987年に民主化宣言を果たす以前の韓国は、

李承晩から朴正煕、全斗煥と軍事独裁政権が次々勃《ぼっ》興《こう》。それらの政権が1948年の済州島四・三事件から80年の光州事件まで数々の民間人虐殺事件を引き起こし、その噂は民主化運動家たちにより情報統制の間隙《かんげき》をぬって日本まで伝わっていた。

韓国政府の暴挙は国内にとどまらなかった。特に李承晩が勝手に「李承晩ライン」を引き日本漁船を拿捕《だほ》しまくるわ竹島を武力占拠するわ、我が国に対しても**主権侵害**をやらかし放題であった。59年には北への帰国事業を妨害すべく、窓口となっていた新潟市内の日赤センターの爆破を企んだ韓国工作員が逮捕されるなど**テロ国家**ぶりまで露呈する始末。

日本政府こそ、朝鮮戦争で米軍に全面協力して以来アメリカと共に韓国政府を承認・支持、1965年には朴正煕政権下の韓国と国交正常化を果たしたものの、民間・マスコミレベルにおける韓国政府のイメージはまだまだ悪かった。

それに引き換え、北朝鮮は日本と具体的領土係争関係にもなく、内部の権力闘争や政治犯などへの人権侵害行為についても、現在ほど生《なま》の情報が入っていなかった。

そもそも、韓国は李承晩が朝鮮戦争からの復興に手間取り、押しも押されぬ世界最貧国の一つだったのに対し、北朝鮮はもともと地下資源に恵まれている上、戦後すぐにソ連・中国の援助を受けることができ、その援助を（人民の困窮《こんきゅう》を無視して）重工業に注力した結果、急速な工業化を成し遂げた。そのため、韓国が朴正煕政権に移り、ベトナム戦争参戦による特需や日韓基本条約で日本から取り付けた多額の経済・技術援助でようやく経済成長のエンジンがかかる70年頃までは、**北朝鮮の工業力・経済力は韓国より上**だったのである。

「共産主義への防波堤としてアメリカに飼われながら、ことあるごとに日本に噛み付き、ベトナム戦争でも米軍の手先となって数々の残虐行為を働く貧乏軍事国家」と、「主体《チュチェ》なる独自の政治思想を掲げてソ連とも一定の距離を置き、別に日本に迷惑もかけず海外派兵もしてない（見た目）豊かな国家」。よほどの反共・親米家でもなければ、大方の一般人が、南と比べて**北の方を「どっちかと言えばまともな国」と誤認**してしまったのも——過去の過ちを擁護するわけではないが——当時としては無理からぬ話であったろう。そりゃ「地上の楽園」と言われたら**韓国との比較論**でコロッと信じちゃおうってもんです。

ちなみに、北朝鮮による日本人拉致が始まるのは1977年から（それまでは「拉致」といえば73年の韓国による金大中拉致事件のことだった）。第十八富士山丸拿捕事件が発生したのも83年のことである。さらに同年のラングーン爆弾テロ事件、87年の大韓航空機爆破など数々のテロが発生、北朝鮮株が大暴落したところで韓国が民主化を果たし、ソウル五輪や経済成長などもあり、完全に南北の立場は逆転するのだが、それはもう少し先の話である。

さらに当時は米中が接近、米ソ二大超大国もデタント（緊張緩和）の時期にあり、南北朝鮮の間でも朝鮮戦争休戦後初めて両国間対話が始まっていた。71年9月南北の赤十字が会談を開始、72年7月4日には南北政府による平和的統一に向けた共同声明が発表されるに至り、こりゃ本当に南北統一が実現するんじゃないか、少なくとも韓国に続き北朝鮮とも国交が結ばれるのではないか、という期待が日本でも高まっていたのである。この『チュチェの国——朝鮮』14ページのグラビア記事タイトル「もうじき行ける美しい朝鮮」にも、**今日明日中にでも国交正常化**しそうな当時の雰囲気が漂《ただよ》っている。朝鮮半島の7割の地下資源が集中し、韓国より国民の生活レベルも高く購買力もありそう（に見えた）な北との本格交流には、財界も大いに皮算用をしていたことだろう（実際、70年代前半の北朝鮮にはデタントを背景に日本をはじめ西側諸国からプラント輸出も含め総額12億ドル以上もの外貨借款が流れ込んでいた）。

折しもこの年の3月出土し「世紀の大発見」と呼ばれた高松塚古墳の彩色壁画の人物像が古代朝鮮そっくりの装束をまとっていたことや、数年前に考古学者・江上波夫教授の「騎馬民族征服王朝説」（後出：原田実先生の『論集パレオ騎馬民族説』評参照）がセンセーションを巻き起こしていたことも相俟《あいま》って、古代日本と朝鮮半島のつながりがちょうど注目されてもいた。国際政治だけでなく文化面でも**若干ハイブロウな韓流ブーム**が来ていたのである。

このような時代背景を振り返れば、本書もそこまで理解に苦しむ**ハイストレンジネス事例**ではないことがわかってもらえると思う。

……しかし、皮肉にも本書が書店に並んだ直後から、朝鮮半島情勢はそんな雪解け間近の空気をぶち壊す方向に進展してしまう。

10月、韓国の朴正熙大統領は「統一のための体制強化」という名目で非常戒厳令を発令し憲法を強引に改正。大統領の任期を6年に延長し、国会を解散して大統領選出以外の機能を持たない統一主体国民会議に作り替えてしまう。北の金日成「首相」も12月、共和国憲法をより中央集権的内容に改憲、従来の内閣制を廃し、露骨な一人独裁体制である「主席」制に移行する。双方とも、「祖国統一」をまんまと体制固めのダシにした形である。もはや「もうじき行ける美しい朝鮮」どころではない。さしもの読売新聞社も、こんな超展開は想像すらしていなかったことだろう。

パンダのいない動物園

気を取り直して本文に入る。

表紙を開くと、のっけからペガサス（千里馬《チョンリマ》という殖産興業のシンボルらしい）に跨《また》がった金日成像やマスゲームが巻頭グラビア記事を飾っている。

> 「朝鮮民主主義人民共和国」という、すこしばかり長い正式の呼称を持つ国が、「朝鮮」という略称でさえも呼ばないで、日本人は「北鮮」とか「北朝鮮」といっている――呼称ひとつとってみても、その国の実体さえつかめず、デマでつくられた虚像にすがりついている。（中略）これまで、南朝鮮とだけ国交を持ち、北の共和国を敵視していた日本は、いま改めて、この朝鮮民主主義人民

> 共和国を認識し直さなければならないところへ追い詰められてきた。（4ページ）

「北朝鮮って呼ぶな！」と言いつつ韓国のことはさらっと「南朝鮮」と呼んでいるのはご愛嬌だが、ことほどさように当時、南の軍事政権は人気がなかったらしい。

記事は、アメリカ帝国主義の道具として使われる韓国に対し、主体《チュチェ》思想を掲げる北朝鮮がいかに自立した国家として、朝鮮戦争の惨禍から立ち直り繁栄を謳歌《おうか》しているか、**「驚くべきエネルギー」「秘密は主体《チュチェ》の思想」「ユートピア実験の成功」**等のめくるめく小見出しに沿ってこれでもかと誉め讃えのめした挙げ句、

> チュチェ思想につらぬかれた、赤い小さなユートピア実験が、みごとに成功しつつある国——それが、朝鮮民主主義人民共和国である。（8ページ）

と結ばれる。確かに前述のように、当時の北朝鮮は韓国よりは豊かだったけど……。ちなみに執筆者は前述の高木健夫・読売新聞論説委員会顧問である。

また、**北朝鮮軍の装備は防衛型**であり、その軍事力が「朝鮮半島の脅威」と言われてきたのは**日本側の誤解**である（38ページ以下）とか、現代人が読んだら目を疑うだろう。ええ確かに当時はノドンテポドンこそありませんでしたけど、じゃあ68年1月の青《せい》瓦台《がだい》襲撃未遂事件で朴正煕暗殺を狙って38度線を南侵し韓国軍と銃撃戦を展開した特殊部隊の**どこが「防衛型兵力」**だよと、72年当時はツッコむ人はいなかったのだろうか。

朝鮮戦争時の米軍の蛮行《ばんこう》・虐殺行為とか、68年の米海軍情報収集艦プエブロ号の拿捕事件とか、現在は誰も知らないような反米エピソードがごく普通に書かれているのも、ベトナム戦争末期の反米的空気が背景にあったのかもしれない。言うまでもなく北朝鮮軍による米兵捕虜や民間人の虐殺の方には一切

触れてませんけど。

それでも「信川《シンチョン》大虐殺」における「四百人の母親と百二人の子供が別々に押しこめられ、アメリカ軍によって焼き殺されたという」惨劇（114ページ。この話を元にピカソは「ゲルニカ」に次ぐ代表的反戦絵画「朝鮮の虐殺」を描いている）の話などあまりに痛ましく、母親が400人もいるのに子供が102人では**計算が合わない**ことなどどうでもよくなってしまう。

もちろん米帝や南韓傀儡《かいらい》政権への恨み節だけではなく、読者に北朝鮮への親しみを湧かせるようなソフトな記事の方が多いので安心してほしい。朝鮮料理や朝鮮の酒、タバコ、切手、機関車……と、主な読者であった当時のお父さん層の興味をひく物産がいろいろトピックされ、また北朝鮮人民の「日常生活」も写真入りで山ほど紹介されている。

当然、「共和国の女性は安心して働ける環境が完備している」（34ページ）だの、「家賃一ウォン（百五十円）で暮らせる」（35ページ）だの、レジャーに卓球・水上自転車・水上スキーを楽しみ様々なスポーツ選手を育成し子供は血色よくバレエや音楽を習い……と露骨に**平壌暮らし**とわかる恵まれた階層、ないしはナチスが強制収容所で作ったユダヤ人楽団を連想させる**対外宣伝用サンプル**しか出てこないんですけどね。独裁者の不興を買い失脚・無一文になった党局員の困窮ぶりや、近年その実態が明らかにされつつある政治犯収容所の地獄のような有様など行間にすら読み取れない。

もちろん、北朝鮮の暗部が隠しようもなくなった21世紀の後知恵で、誰もが「地上の楽園詐欺《さぎ》」に騙《だま》されていた当時のメディアや文化人の眼球節穴《ふしあな》ぶりを嘲笑ってもせんないことであるが、それにしても「子供たち、女性たちの笑顔の中に映る明るいお国ぶり」（92ページ）など、先人たちの見事な騙されっぷりはまことに痛々しい。

そんな時代のタイムカプセルだけあって、本文をめくっていくと他にも当時の一般的日本人の激甘北朝鮮認識を水入りメノウか虫入りコハクのように閉じ込めた記事にいちいちぶつかり、楽しくて仕方がない（楽しんでる場合ではないが）。

時代といえば、朝鮮の名物として朝鮮人参などと一緒に「パンダ」が挙げられているところも現在から見ると興味深い。

中国にしかいない、珍妙でかわいい風態《ママ》の動物パンダちゃんは、世界でロンドン、ワシントン、モスクワと、この平壌にしかいません。（52ページ）

カンカンとランランが東京都恩賜《おんし》上野動物園にやってきたのはこの年の10月28日。本書が出た時点では、**日本にパンダはいなかった**のだ。そもそもパンダが来ると決まったのは日中共同宣言・国交正常化が成った9月28日より後のはずなので、読売もまだ「日本にパンダが来る」と知らなくて当然である。逆に言えば上野動物園はたったの1か月で未知の珍獣パンダの受け入れ態勢を整えたことになる。どれだけ超特急で準備をしたのだろうか、裏方の修羅場を想像すると変な汗をかいてしまう。

他にも、日本語と朝鮮語は語順・文法構造や単語が似ていることなど、日本と朝鮮の「意外な親近性」を教えてくれる記事も満載で、このへんは普通の読み方で「へぇ〜」と楽しめるのだが、中には取り扱いに注意を要する記事もある。

「朝鮮の人名とあなたの名前との関係」（32ページ以下）。朝鮮で多い姓のランキングや、同本同姓（先祖の発祥地も姓も同じ）の男女同士は結婚しないルールなどの紹介はいいのだが、「日本式通称姓作成の例」「特定の朝鮮姓がよく使用する日本姓」など、**どんな姓の朝鮮人がどんな日本式苗字をよく名乗るかという一覧表**まであり、これは今見るとかなりヤバい。さすがに差し障りがありすぎるので引用は控えさせていただく。

もちろん当時は「在日の人は案外私たちと身近な存在なんですよー」と親近感を持たせる意図で載せたのだろう。いわばアメリカ人の姓を「『O'』や『Mc』で始まる姓はアイルランド系」「なんとかスキーはスラブ系」みたいなノリで紹介しているのと一緒だ。また、あくまでも「よく使用する苗字」であって、逆に「ここに載っている日本式苗字の人は必ずルーツは朝鮮のこの姓である」と逆算することはできない、とも書いている。だが、現在ではネットなどで**まったく違う文脈**で使われかねないのでドキドキしてしまう。……なんでこのくらいでドキドキしなきゃならん世の中になったのやら……。

ともかく、**北朝鮮をヨイショしてたのは別にサヨクメディアだけじゃなかった**という史実は、昭和を知らない若い人たちも頭の片隅に入れておいて損はないだろう。

PC遠隔操作事件の片山祐輔被告の件ではないが、人間、騙されるときはコロッと騙される。それを後知恵で笑うのは未来に生きる者の特権だが、笑うなら笑うで、騙されるに至った背景にまで目を配らなければ、将来に対するなんの教訓も生かせない。大きな犠牲を出した詐欺事件ならなおさらだ。ナチスのユダヤ人迫害「だけ」を糾弾しているうちは、なぜナチスの絶滅政策が当時の欧州で放置されてきたのかはわからないし、現代のユダヤ人やあらゆる少数者に対するヘイトの問題を解決する上でも、おそらくなんの役にも立ちはしない。それと一緒です。

本書のような、我々の脳内シナリオから外れたハイストレンジネス事例を取りこぼすことなくアンテナを張り、その背景にも目を向けることで、それまで単純な白黒二元論で一面的にしか認識してこなかった世界が、とたんに一筋縄ではいかなくなってくる。その知的困惑と興奮も、トンデモハンティングの醍醐味の一つだと思う。

……なお余談だが、この素晴らしい「地上の楽園」にほんの2年前亡命したばかりの**よど号ハイジャック犯**には、なぜか本書中一言も触れられていなかったことも最後に付言しておく。（クララ・キイン）

世界の怪獣映画のパターンから、日本の怪獣映画だけが外れてしまった理由

『人喰猪、公民館襲撃す！』（監督・脚本＝シン・ジョンウオン）

販売元＝キングレコード
2009年韓国公開

日本の怪獣映画が忘れてしまった基本中の基本

（注意・映画のネタバレを含みます）

最近は何でも韓国のことはクサすのがトレンドのようである。確かに、韓流と言われるドラマも、K－POPの音楽も、見聞きしてみるにどうも底が浅いように思うし、初期の物珍しさを抜けてしまうと、それ以上追いかけようとは思えない。

韓国人の精神構造は日本よりもかなりダイレクトにものを伝えることをよしとするところがあるようで、たとえば韓流ブームの開祖的作品である『冬のソナタ』などを見ると、ただただ、〝くどい〟だけ、という印象がある。恋に破れた男がオイオイ泣き崩れるシーンが、しかも何回も連続する。その哀感をさりげないしぐさや表情で表現するということがない。

とにかく、悲しければ泣く。うれしければ笑う。……これ、日本で芝居をやっている者にとっては最低の演出と言われて仕方のないものだ。

およそ、演技・演出の基本は、

「悲しいときには笑え（役者に笑わせろ）」

である、と演劇の勉強をすると教えられる。

泣きたい気持ちでいる人間にただ単純に泣かせたのでは、その表現は弱くなってしまう。心に泣きたい気持ちをあふれさせながら、外見は快活を装って笑おうと努力する……そういう風にワンクッション置くことで、悲痛な心情はさらに強く見ている方に伝わる。また、これはリアルな演出でもある。

　人間、外聞をはばかって、泣くまい、泣くまいと自分に言い聞かせているうちに、不思議に笑いたくもないのに笑いが口から漏れることがある。脳が、涙を抑えるために、泣く行為と正反対の笑うという行動を肉体にとらせてしまうのである。この演出は、五代目・三遊亭圓生《えんしょう》の得意とするところであり、必ず聴衆からの拍手が沸いていた。

　だが、韓国にそういう演出セオリーはないようで、とにかく、このドラマでは悲しいときに泣く。知り合いで韓国滞在歴の長い男に、あれはいかがなものかと聞いたら、「韓国では悲しいときに笑っていたらバカと言われる」ということだった。

　とにかく、感情の起伏が激しい場面では、行動も激しいことになる。韓流ドラマにおいて、コップやお皿の類いは、日本のドラマのほぼ五～六倍の割合で叩き割られ、床にぶちまけられる。よその国のことながら、見ていてヘキエキするのである。

　とはいえ、こういう韓国人の感情表現は、単純で原始的ではあってもわかりやすい、というのは事実である。日本でも評判になったハリウッド映画『パシフィック・リム』で、息子を怪獣との戦いで亡くした父が、あえて感情を押し殺して人々に戦いの決意を述べるシーンについて、もっとも反韓的言辞が躍っているネット上で、

「なぜあの父は息子が死んだのに泣かないのか」

　という意見が多出したという。……世は易きに流れる。われわれ日本人の感覚も、最近は徐々に韓国化しているようだ。

　とはいえ、韓国が日本のドラマを凌駕《りょうが》している領域もあり、たとえば映画に関しては、最近の日本映画は韓国のそれに完全に追いつかれ、追い抜かれてしまっているといっていいのではないかと思う。こ

れは韓国の新世代監督と言われるポン・ジュノの『殺人の追憶』（２００３）を観て衝撃を受けたときからそう思っている。

韓国で実際に起こった未解決事件を映画化したこの作品は、脚本・演出、そして役者の演技すべてにおいて重厚、かつユーモアに富み、随所に笑いをはさみながらも、凄惨な殺人事件の犯人像に迫っていくスリリングさが比類ない傑作であった（例によって日本のネットで〝未解決事件をドラマ化してもスカッとしない〟という子供じみた評があって溜息をついたことはさておく）。

そして、ポン監督はこの『殺人の追憶』のあと、なんと今度は怪獣映画に手を染め、２００６年、『グエムル―漢江の怪物―』を発表、韓国国内では観客動員１２３０万人という、動員記録を塗り替える大ヒットとなったが、怪獣映画についてはいろいろやかましいマニアが揃っているわが日本では評判、興収ともにふるわずに終わった。

確かにこの映画、『殺人の追憶』で最も優れたポイントだった、サスペンスとユーモアの共存が脚本上必ずしも巧くいっていないし、主人公（『殺人の～』と同じソン・ガンホ）の設定がアタマの足りないウスラ馬鹿という（韓国のコメディではよくある設定だが）のも、日本人の好みとは相反している。さらに許せないのは、怪獣にさらわれ、それを自分たちで救おうと決意する主人公たちのモチベーションであるところの主人公の娘、ヒョンソを最終的に殺してしまうというストーリィだろう。これでは主人公に（少なくともその動機に）感情移入しているファンたちが、満足して劇場を後にできない……。

とはいえ、この、極めて後味の悪い結末の作品（それでも、娘の代わりに、その娘が絶体絶命的状況の中で弟のように守っていた浮浪児を息子として育てることになる、というようなところで幾分かの救いを残そうとはしているようだ）が、韓国内で映画の入場者記録を塗り替えるヒットを飛ばしたことは明らかである。先ほど言ったように、話にダイレクトさを求め、たとえば武侠《ぶきょう》アクションものなどで、敵を徹底して残虐に倒すことでスカッとした気分を得ると言われている韓国人が、こういうストーリィを受け入れるというのはどういうことか。

この『グエムル』でポン・ジュノ監督が怪物に託して描こうとしているのは、米軍の実質的支配下にあり、その結果起こるすべての不条理的事象に、諦念しか持てなくなった韓国人たちの姿である。米軍がその実験室から廃棄させたホルムアルデヒドで誕生した奇形的怪物を、アメリカ軍はウイルスによる突然変異と発表する。

皮肉なことに、そのウイルスが発見されたと称されたのは、怪物にヒーローとして立ち向かって殺された、米軍兵士の体から、という理屈がつけられていた。怪物は、それら人間世界の醜さ、不気味さのアナロジーとして登場するのである。

見ていていささかギョッとしたのだが、それは、日本のいまや伝統文化となった怪獣映画が、高度経済成長時代のカタルシスとしてのビル破壊の魅力に耽溺《たんでき》するあまり忘れてしまっていた、モンスター映画の基本中の基本ではなかったか。

原作に忠実な『ＪＡＷＳ』（もどき）を撮ろうとしたのではないか

このことは韓国においてはA級作品である『グエムル』には作品の質的に及びもつかないB級作品、『人喰猪、公民館襲撃す！』（監督・脚本シン・ジョンウォン。２００９）などにも言えることである。

『グエムル』はそれでも賛否両論あったが、この『人喰猪』はネットなどではもう悪評しかない、といった出来である。そんなことで公開時の上映は見逃し、後でＤＶＤで見たのだが、いや、確かにひどい。ＣＧのイノシシは出来が悪いし、ストーリィ前半は（怪獣映画の常道とはいえ）『ＪＡＷＳ』（１９７５）の丸パクリだし、後半は活躍すべき人物がまるで活躍せず期待ハズレだし、中でも口がアングリだったのは、犬が突然何の脈絡もなく飼い主に〝話しかける〟（人間の言葉で！）シーン。メルヘンかよ、とツッコんでしまった。

日本版タイトルもひどい。〝公民館を襲撃す〟るシーンなんてクライマックスでも何でもなく、映画の半分あたりでちょこっとあるだけだし、「怪獣映画史上最小のスケール」なんて自虐ギャグ、誰も喜ばないだろう。

嫌韓論者には、巨大イノシシの設定（日本軍が食糧確保のため品種改良しようとして放置したイノシシが巨大化した）が噴飯《ふんぱん》ものだろうが、それがストーリィにからんでくるかというとまったくからまない（本来なら主要登場人物の一人に、かつての日本軍関係者を入れるべきなのだが）。

……しかし、私にはなぜか、この映画が嫌いになれなかった。それは登場人物全員に、強烈なキャラクターが付与されているからである。『グエムル』のヒットで怪獣ものが当たるだろうから、急いで作れ。予算はかなり低いが、ＣＧなら大丈夫だろう、あっちが川から出た怪獣だったら、こっちは山の中の話にしよう……みたいなところで企画が進んでいったのが目に見えるようだ。

話がショボいことは監督もスタッフも承知していて、その分を人間ドラマで持たせようとしたのだろう。そして、それが成功してなくて、人間ドラマどころかただ単に〝変なキャラの羅列〟になってしまっているところも笑える。

中でも一番変なキャラはコ・ソヒ（『殺人の追憶』にも出演していた）演じるキチガイおばさんなのだが、ストーリィ進行上、まったく無駄に思えたこのキャラが、ラスト近くでアッというオチでストーリィにからんでくるというのは……やっぱり無駄だとしか思えない。

だからこれは、隠しテーマが「一見平和に見える田舎の村の裏に隠れた狂気」という映画なのであり、イノシシはそれを表に出す触媒でしかないのだ。エンドロールの後の、あの〝なんじゃいこりゃ〟というエピソードも、〝本当に怖いのは怪物ではなく、人間なのだ〟という意味があるのだろう。

これは実は、先ほども言ったが怪獣映画の基本パターンなのだ。実はピーター・ベンチリーの『ＪＡ

WS』も原作ではそういう人間模様が主のどろどろした小説である（ブロディ所長の奥さんがフーパー青年と不倫してしまうシーンもある）。本作と同様邦題がヒドい『吸血怪獣ヒルゴンの猛襲！』（1959。B級映画で名高いロジャー・コーマン監督）など、まさにそういうストーリィの代表的映画だった。

この『人喰猪』、前半がまるきり『JAWS』だ、と言ったが、監督シン・ジョンウォンは実は原作に忠実な『JAWS』（もどき）を撮ろうとしたのではないか、と思えるのである。

2014年公開のギャレス・エドワーズ監督『ゴジラ』がハリウッド作品には珍しく、日本の怪獣映画の忠実なリブートである、と評判である。これは、裏を返せば、それまでのハリウッド、いや、世界の怪獣映画のパターンから、日本の怪獣映画だけが外れていた、ということである。今回の『ゴジラ』で潮目がどう変わるかはまだわからないが、韓国映画を日本がけなし、ツッコミを入れていたとき、実は日本人の感覚・常識の方が、世界から孤立しているのではないか、という、わが身をかえりみる視点だけは忘れてはいけないことだと思う。と、いうか、私が怪獣映画を撮る（書く）としたら、おそらくこの『人喰猪』みたいなものを書きたがるだろう、と思うのである。

もちろん、犬にはしゃべらせないが。（唐沢 俊一）

北朝鮮が宇宙人と一緒に襲ってくる！迎え撃つパチモン・トランスフォーマー！韓国トンデモ反共プロパガンダアニメ作品『ロボット王サンシャーク』

1985年

あやうくトンデモ扱いしそうになった作品

当初は韓国のアニメをテーマにしようと思っていた。実はこの原稿を書くにあたり、最初は『太白山の虎』というアニメーションを取り上げようと思っていた。この作品はシン・ドルソクという人物を主人公にして、日本の支配に抵抗する義兵運動を取り上げた作品である。

作中では日本人が多く登場する。その登場する軍隊がすべて憲兵隊。登場する日本兵士は全員憲兵隊。しかも、おかしな侍も登場する！　これはいけると思い書き進めていたのだが、**軍隊が憲兵隊ばかりなのは調べてみるとトンデモではなかった！**

当時の韓国では、軍警察制度が導入されており、憲兵隊が警察の役割を果たしていたのだった。１９０３年頃に憲兵が警察の役割を担い始め、１９０５年頃には義兵運動の高まりに対応するため憲兵隊が増強されたのだという。こうした背景があって作中には憲兵隊が多く登場するのだろう、不勉強だった。思い込みでトンデモだと書いてしまうと恥をかいてしまうところだった。

ちなみにこの侍は日本からやってきて憲兵隊の手下として主人公の師匠を殺してしまうのだが、シ

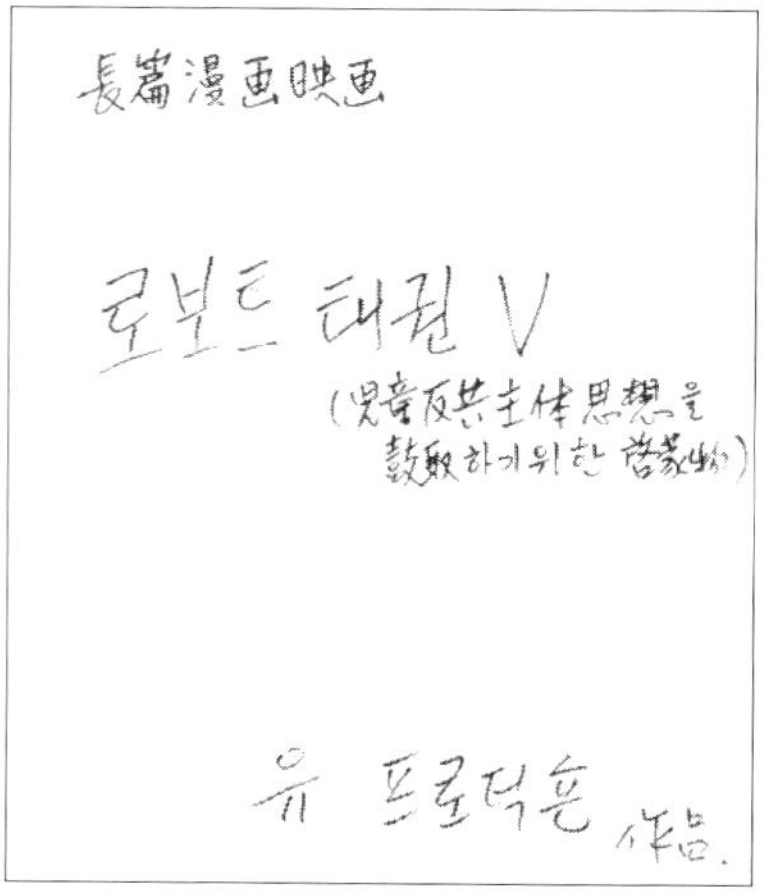

『ロボットテコンV』の検閲用台本の表紙には「児童反共主体思想を鼓舞するための啓蒙物」と書かれている（図版は『韓国スーパーロボット列伝』より）。

ン・ドルソクが生まれたのは1878年。明治維新から10年後のことである。しかも日清戦争らしき描写もあり、その直後だとしても明治維新から四半世紀後のことであるから常識的には侍がいたとは考えにくい。

でも、劇中に登場するような侍が本当にいたかもしれない。その可能性を否定できないため、取り上げるのは保留にした次第。と学会の本にいい加減なことは書けませんからね。

そこで視線を変えて、韓国の反共＝反北朝鮮ロボットアニメを取り上げることにしたい。もともと、韓国では反共的な記号がちりばめられたロボットアニメは多く作られていた。たとえば、韓国人にとって心に残るロボットアニメ作品と言われている『ロボットテコンV』（邦題『テコンV』として公開）では、敵は〝アカ帝国〟。検閲用台本の表紙には「児童反共主体思想を鼓舞するための啓蒙物」との記載がある（参考・『韓国スーパーロボット列伝』2012年）。

監督のキム・チョンギは、『タブーすぎるトンデモ本の世界』（サイゾー）でも触れた「トリ将軍」シリーズを製作している人物だ。ロボットアニメ『スーパータイタン15』では敵は〝赤い星軍団〟。赤い星を身につけた敵が襲ってくる。しかも『韓国スーパーロボット列伝』によると、悪役は北朝鮮訛《なま》りを使うのだという。

こうした反共的な装いはおそらく検閲をすり抜けるためのテクニックだったのだろう。韓国では1966年の映画法（※）改定以降、1996年まで検閲制度が残っており、映画が管理統制されていた。そうした影響は子供向けのロボットアニメにも及んでおり、こういうテクニックが必要だったのだろう。

なお反共的な内容とは関係ないが、『スーパータイタン15』では、主役ロボットは敵のラスボスに某機動戦士ガンダムのギャンのそっくりさんが登場する。**検閲を通り抜けたのはいいものの、作品のオリジナリティにまで手が回らなかったのだろう。**

反共的な雰囲気だけではなく、直接、北朝鮮と戦う作品もいくつかある。『海底探検隊マリンX』では海底で襲ってくる北朝鮮の潜水艦がラスボスだ。敵の北朝鮮軍には丹下段平にそっくりなキャラクターが登場する。他にも『宇宙戦士ホンギルドン』『ヘドリ大冒険』といった反共教育アニメがある。

※ここで言う映画法は１９６２年に韓国映画の保護育成を目的に作られた法律。１９６６年の改定より事前検閲制度が導入され、シナリオもその対象となった。『ロボットテコンV』が制作される前の１９７３年には検閲がいっそう強化されたという。１９８４年に検閲制度は廃止されるが、実質的な検閲と言える事前審議制が導入され、１９９６年まで続いた。余談だが１９６１年に軍事政権下で制定された反共法により反共映画を作った会社にはボーナスが与えられることもあったという。反共映画の人気は高くなかったようだが、反共アニメはこうした背景のもとで作られたと言えるわけだ。

つくりの「ユルさ」や敵の意外さが笑える作品

前振りが長くなったが、そういうわけで本稿では『ロボット王サンシャーク』を紹介しよう。この作品は扱っているテーマが反共である以上に、作品のつくりの「ユルさ」や敵の意外さが笑える作品である。１９８５年の作品である。

韓国の民主化宣言が１９８７年、ソウルオリンピックが１９８８年だから、その直前の作品である。監督はパク・スンチョル。『77団の秘密』『スーパーマジンガ3』や『鉄人三銃士』、先ほど触れた『スーパータイタン15』といった作品の監督を務めていた。

この『ロボット王サンシャーク』は実写とアニメ部分に分けられる。実写部分では、北朝鮮からやってきた工作員と韓国軍の戦いが主に描かれる。まず冒頭では、北朝鮮工作員によって少年が惨殺《ざんさつ》される。山奥に現れた北朝鮮工作員、彼らは兄妹が留守

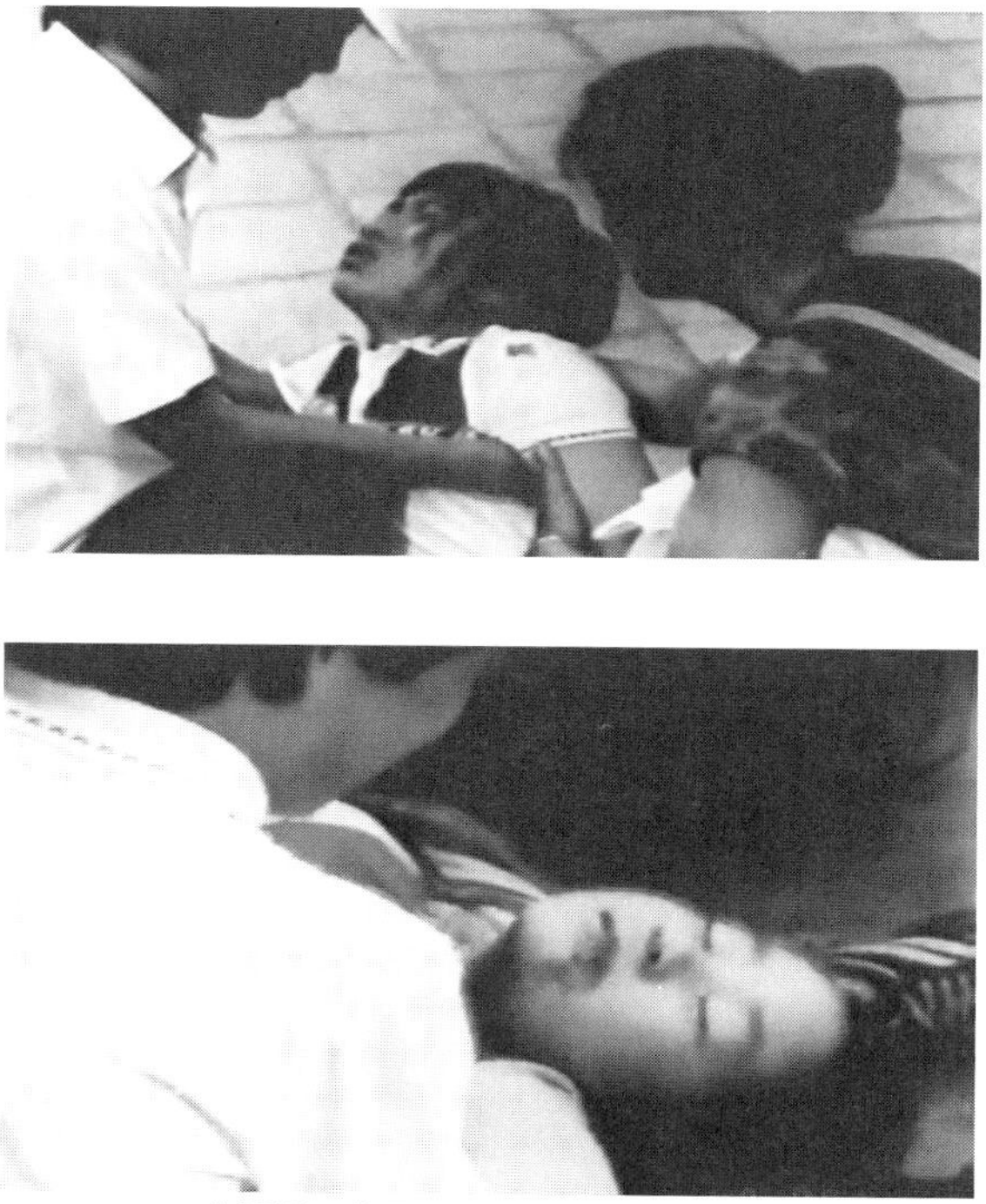

北朝鮮工作員により殺される兄と妹

番している家に忍び込み、兄妹を襲う。兄は叫ぶ。「僕は共産党が嫌いだ！」妹は殺され、兄はひん死の状態になりながら村人に助けを求めるが、息絶えてしまうのだった。

彼の訴えをもとに早速出動する韓国軍。このシーンだが、村人たちが次々と軍服に着替えて出動していくのが勇ましい。どうもこの人たちは予備役（※）の人たちらしい。早速始まる韓国軍対北朝鮮工作員の銃撃戦。

しかし、写真のようなシーンは子供の頃に見たらトラウマになるにちがいない！　というレベルである。いやむしろ、**トラウマになるくらい共産主義は怖いものだということを子供に理解させる。それを狙っているのだろう。**

しかし単純に笑えないことに、この部分には元となった事件があるのだ。イ・スンボク事件という。イ・スンボク事件は１９６８年12月９日に北朝鮮から侵入した武装工作員により、イ・スンボク一家が惨殺されたというものだった。

イ・スンボクは惨殺される前に工作員らに向かって「僕は共産党が嫌いです」と言ったとされ、劇中でもそれは踏襲されている。事件の詳細については様々な疑義もあるようだが**（実は政府がでっち上げた事件だったのではないかという疑義すら上がっている）**、韓国では道徳の授業でも取り上げられるほどで、韓国の人々にとっては有名な事件だそうである。

この作品の一番の見どころはアニメの部分である。全体的に、とにかくユルい作りなのだ。**主役ロボットの色が場面によって違うのも当たり前**（いわゆる色パカというやつである）。

ストーリーを順を追って説明しよう。先ほどの実写パートで北朝鮮の工作員と韓国軍が戦っている頃、少年が惨殺された村の近隣の河に、クラスでキャンプに来ている少年少女たちがいた。彼らは釣りをしている最中に兵士から北朝鮮の工作員が侵入していると聞かされて怯《おび》えてしまう。

北朝鮮軍との戦いの銃声を怖がる子供たち。でも

オーロラ星から来た宇宙人アグネスとアリアがヘリコプターに乗ってやってくる。

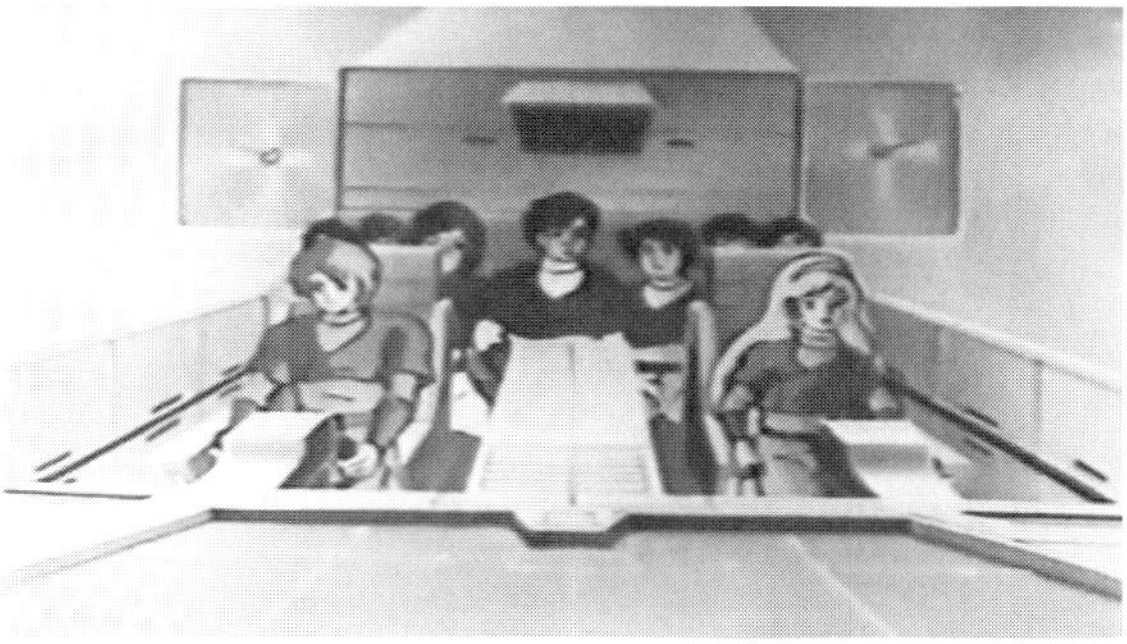

サンシャークの内部。なんと９人も乗ることができる。広いぞ！

寝る前にトランスフォーマーらしき玩具で遊ぶ姿が子供らしいのだが（ここがのちの伏線になる）。怯えながら眠りにつく子供たちであった。

すると、この河にヘリコプターに乗ってオーロラ星から来た宇宙人アグネスとアリアがやってくる（宇宙をヘリコプターで？）。彼らは核戦争で滅びた故郷を救おうと地球に「酸素遺伝子」を求めてやってきたのだ。**なんだよ、酸素遺伝子って？** 少年少女たちは宇宙人を助けようと奮闘する。しかし、そこへ北朝鮮の武装工作員が襲ってくる。

北朝鮮軍と宇宙人の戦いだ！　襲ってきた北朝鮮兵士に対抗するため、ヘリコプターはロボットに変形した。これってトランスフォーマー⁉　そう、このロボットがサンシャークなのであった。現用兵器だけしか使わない北朝鮮兵士をはるかに進んだ科学力で容赦なく殲滅《せんめつ》する宇宙人たち。生き残った北朝

北朝鮮の武装工作員たち

ヘリコプターはロボットに変身した。これがサンシャークなのであった。

悪の宇宙人は、服装のデザインなどから察するにロシア（当時のソ連）をモデルにしているのかも。

金日成の首の後ろには大きな瘤がこれ見よがしに描かれている。

鮮武装工作員は命からがら逃げていく。

一方、その頃、金日成は宇宙人スペクターと会談していた。金日成とは、そう！　北の首領《しゅりょう》様である。一緒に南進して韓国を攻めようというのだ。危うし韓国！

でもここで疑問が浮かぶ。宇宙人はどうしてわざわざ北朝鮮なんかと組むのか？　地球で相手をしてくれたのが北朝鮮だけなのか？　それにしても宇宙人と同盟を組むことができるなんて、北朝鮮は何という外交上手、高度な外交能力なのだろう。さすが瀬戸際外交の国である。宇宙人は北朝鮮の外交能力にすっかり騙されたのだろうか。

なお、悪の宇宙人だが、服装のデザインなどから察するにロシア（当時のソ連）をモデルにしているのかもしれない。

ここで注目なのは、金日成の首の後ろには大きな

北朝鮮武装工作員を追って、サンシャークとともに敵地へ乗り込んだ少年少女たちは、敵宇宙人のUFOを破壊する。

宇宙人は金日成の命令で射殺されてしまう。

瘤《こぶ》がこれ見よがしに描かれていることだ。金日成の首には実際に大きな瘤があったという。そうしたこともアニメを見た子供たちがわかるようになっているのだ。だが北朝鮮の公式画像では瘤は一切映らないように配慮されていたそうである。

一説によれば、金日成の手術の失敗を恐れた医師たちの誰もが手術を行うことを恐れて行わなかったため、死ぬまで瘤が残ったままになったのだという。

逃げた北朝鮮武装工作員を追って、サンシャークとともに敵地へ乗り込んだ少年少女たち。敵宇宙人のＵＦＯを破壊する主役たち。ＵＦＯもロボットも破壊され役に立たなくなった宇宙人は、金日成に助けを求める。しかし宇宙人は、無情にも金日成の命令で射殺されてしまう。宇宙人以上に北朝鮮が怖いということであろうか？　恐るべし、北朝鮮首領。

そして、トンネルを通って南進しようとする北朝鮮戦車部隊。しかし、サンシャークたちの活躍で北朝鮮戦車部隊は全滅する。だが、ここで驚愕の展開に。北朝鮮戦車部隊を倒した後、キャンプで少年少女たちは目を覚ます。そう、すべては夢だったのだ。**まさかの夢オチである。**

現実では北朝鮮軍を殲滅し終わった韓国軍人たちが子供たちの隣を行進していた（こういうところがプロパガンダ作品っぽさを醸し出している）。こうして気が抜ける展開のまま、『ロボット王サンシャーク』は幕を閉じる。

トランスフォーマーのロボットを流用しているが、単なる反共作品というだけではなく、北朝鮮の金日成という実在の人物を下敷きにしたキャラクターが敵として登場する点は、アニメならではと言えよう。

なお、主役ロボットのデザインは、トランスフォーマーのホワール（日本のアニメ『特装機兵ドルバック』に登場した「オベロンガゼット」の玩具がもとになっており、サンシャークもアップになると本来カメラである額が突き出ているなど、その痕跡が見える）とリフレクター（カメラに変形するトランスフォーマー）を引用している。

主役ロボットのデザインは、トランスフォーマーのホワールとリフレクターを引用しており、アップになると本来カメラである額が突き出ており、全身がカメラに変形するトランスフォーマーである。

なお、一見トランスフォーマーのパチモンだけのように思えるが、それだけにとどまらない。北朝鮮基地で戦う敵のロボットは、アニメ制作会社TMSが80年代にアメリカの下請けで制作していた『マイティーオーボッツ』に登場するロボットであるトールのデザインを流用している。この引用元が渋い！　**いったいだれが知っているんだ、この作品**（でも最近日本ではCS放送で放送したそうだ）。（かに三匹）

※韓国では除隊後8年間の予備役の義務がある。その任務にはゲリラの探索も挙げられている。（参考・ウィキペディア「大韓民国郷土予備軍」）

参考文献
『韓国スーパーロボット列伝』

第2章

「そこのけそこのけオレ様のお通りだ」

肥大し続ける覇権国家・中国編

『山海経』は日本列島（台湾を含む）の地理書だと主張したトンデモ本

『山海経絵図解読　日本太古の風土記』（李岳勲・田中紀子）

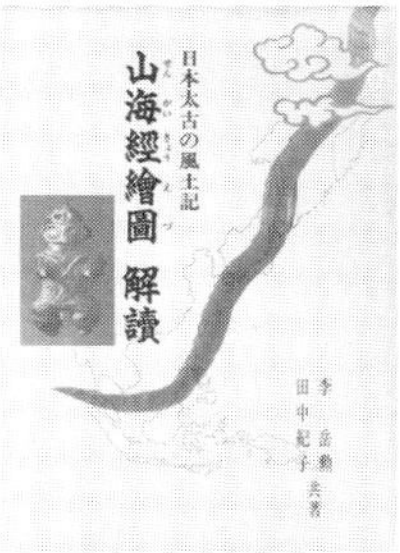

日野史談会
1992年
品切れ

『山海経』は日本神話の人物や日本特産の生物の絵図を下敷きにしている？

郷土史家というと地元の人しか知らないような遺跡史跡や戦国武将や歴史上の事件を細かく調べている人という印象を持たれる方も多いかもしれないが、意外と研究テーマは幅広い。中には地元の習俗を手掛かりに日本人の起源とか海外の古代文明との関係などといったテーマにこだわり続けている郷土史家もいる。

１９９０年代初頭、そうした郷土史家の間で『山海経』という本が話題になったことがある。そのきっかけとなったのが本書の著者・李岳勲《りがくくん》による『山海経』解読本である。

『山海経』は古代中国の戦国時代から前漢代にかけて成立したと思われる地理書である。その作者は伝説上の帝王・禹《う》（最初の王朝・夏《か》の初代）の治水を助けた伯益《はくえき》として伝承される。神話的な記述が多く、実際の地理と当てはめるのに困難が伴う史料である。また、『山海経』はもともと各地の山や川、海などに住む神々や動物、住人などの画につけられた解説をまとめたものだったともいわれており、現行の刊本にはその失われた画を想像で復元した絵が添えられることが多い。

李は台湾人で在野の歴史研究家だったが、『山海経』が中国大陸の地理に関する本ではなく、実は日本列島（台湾を含む）の地理書だという説を日本語の書簡の形で日本の歴史研究者に書き送っていた。1989年5月、その一通が東京都日野市の郷土史家・田中紀子のもとに届いた。「日野史談会」という団体の主宰だった田中は郷土史家のネットワークを通じてその説を宣伝し、その界隈で知られるようになったというわけである。

ちなみに日野史談会は被差別部落起源論の異説で知られた菊池山哉《さんさい》（拙著『日本トンデモ人物伝』文芸社参照）による東京史談会の流れを汲む団体であった。

本書は李がその自説に基づいて『山海経』に添えられた絵を解読したものである。李によると原稿刊本の『山海経』の絵図は、**もともと古代日本の地形や日本神話上の人物や日本特産の生物の姿を描いた絵図を下敷きにしているが、後世の空想が入ったためにわかりにくくなってしまったのだ**という。

山海経は「記号」（絵文字）から成立つ。「語り部」が記憶を蓄へる絵文字である。中国へ持去られた頃には語り部が跟《つ》いていた。だがその語り部が春秋時代に中国から姿を消す、中国で山海経が誤読から誤伝を生んだ原因がこの語り部の喪失にある。（本書186ページ）

それでは中国での誤読と誤伝から解放された『山海経』絵図の解読とはいかなるものか。たとえば「形天」、首から上がない代わりに腹に顔がある人物が盾と斧《おの》を手に踊っている姿の絵だが、これは日本神話で母親イザナミの死の原因（出産の際に焼け死んだ）を作ったために、父イザナギに首をはねられた火の神カグツチの姿であり、頭のない陣形は「天」という字の形をなぞらえた「形天」で、これが日本語「（びっくり）仰天」の語源なのだという（本書18〜21ページ　図1）。

また人面の大蛇を描いた「燭陰《しょくいん》」の図は日本列島の図であるとともに日本列島を生んだ父神たる伊邪《いざ》

那岐《なぎ》の像だという。『山海経』本文では燭陰という神の両眼は日・月であるとされるが、これは伊邪那岐の両眼から日神と月神が生まれたという日本神話のことで、その際の**伊邪那岐の姿を別の解釈で神像にしたものが遮光器《しゃこうき》土偶だ**というわけである（本書24～26ページ　図2）。

図1

図2

日中双方の歴史改竄を糺す鍵こそ『山海経』の正しい解読？

○人々の胸に穴が開いていて、その穴に棒を通し前後で持ち上げて歩くという「貫胸《かんきょう》国」の絵は海路の守護神とされる胸形《むなかた》（宗像大社。現・福岡県宗像郡）のご祭神である三女神を誤解したもの（本書51～53ページ　図3）

○風車のような車輪がついた車で旗を振りつつ空を飛ぶ「奇《き》肱国《ここく》」の人の姿は天上の神が下界に降りる天孫降臨神話の図と真賢木《まさかき》をかざした布刀玉《ふとだま》神（祭祀をつかさどる神）の姿が混乱したもの（本書57～58ページ　図4）

貫胸國
為人胸有穴
在戴國東
鑠金洪
鑪酒成
萬品造
物無私
各任所
稟歸於
曲成是
見兆朕

図３

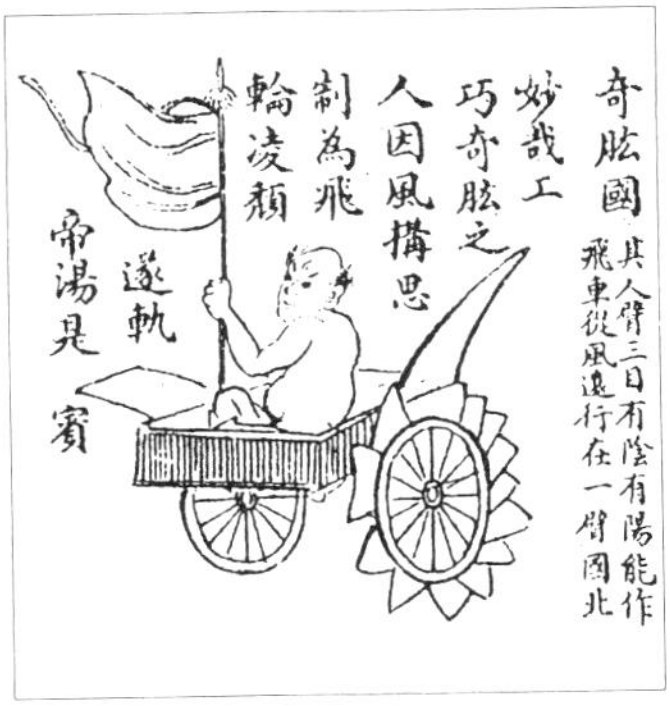
奇肱國
其人臂三目有陰有陽能作
飛車從風遠行在一臂國北
妙哉工
巧奇肱之
人因風構思
制為飛
輪凌頽
遂軌
帝湯是
賓

図４

小人國
人長九寸
在大荒東

図５

蠻蠻
鼠身鼈
首音如
吠犬出
剛山

図６

○身長9寸（30センチ前後）の人々が住むという「小人国」は出雲神話の小さな神・少名毘古名《すくなひこな》やアイヌ伝説のコロボックル（蕗《ふき》の下に住むという小人）が誤解されたもの（本書67〜69ページ　図5）

○『山海経』本文では鳥の一種とされているにもかかわらず、絵図では（李の見たところでは）鼠に似た獣が描かれる「蠻蠻《ばんばん》」は新潟県の地図を動物に見立てたもの（本書97〜98ページ　図6）。

○小鳥と鼠が同じところに住んでいる「鳥鼠同穴」は鳥にも鼠にも似た動物、つまりコウモリが棲む「蝙蝠洞窟」の誤読（本書99〜102ページ　図7）

○一本足の牛の姿で流波山《りゅうはさん》に住むとされることから一般には山神と解され、あるいは音楽の神とされている「夔《き》」は実は鯨のこと（つまり「流波」は文字通り海の波とされる）で、音楽の神とされるのは日本神話で歌謡舞踏の祖とされる天宇受女《あめのうずめ》と混同されたため（本書129〜130ページ　図8）

○一つの頭に十の体がついている魚「何羅魚」はほろほろ鳥の「鳥」を「魚」と誤写したもので、体が多いのは鳥が足を動かしていることを示す動画表現（本書167〜168ページ　図9）

……という具合である。

ちなみにほろほろ鳥はアフリカ原産の家禽《かきん》で古代日本にいるはずはないが、李は映画『愛染かつら』（1938）の主題歌『旅の夜風』から**「泣いてくれるな、ほろほろ鳥よ　月の比叡を一人行く」の歌詞を引いて琵琶湖一帯にほろほろ鳥が生息していたはずだとする**（実際にはその歌の作詞者の西条八十は日本にほろほろ鳥がいないのは知っていたが、ほろほろと鳴く鳥の意味でその名を用いたという）。

さて、李の歴史観によると、伊邪那岐・伊邪那美《いざなみ》両神による地球創造と伊邪那岐による太陽系創造（李はこれを神話ではなく史実だと主張している）の後、**日本列島の東北地方に最初の共和政権が形成された**（中国史ではこれを炎帝神農朝《えんていしんのう》という）。しかし、共和政権は須佐之男《すさのお》によって倒され、新潟・群馬・長野三県にまたがる国都《こくと》圏の出雲朝が成立した（出雲朝が

鳥鼠同穴
鳥名鵌鼠
名鼵共處
一穴在今
渭源縣

図7

夔 狀如牛蒼身而無角一足
出入必有風雨出流波山
西南夔牛
出自江岷
體若垂雲
肉盈千鈞
雖有逸力
難以揮輪

図8

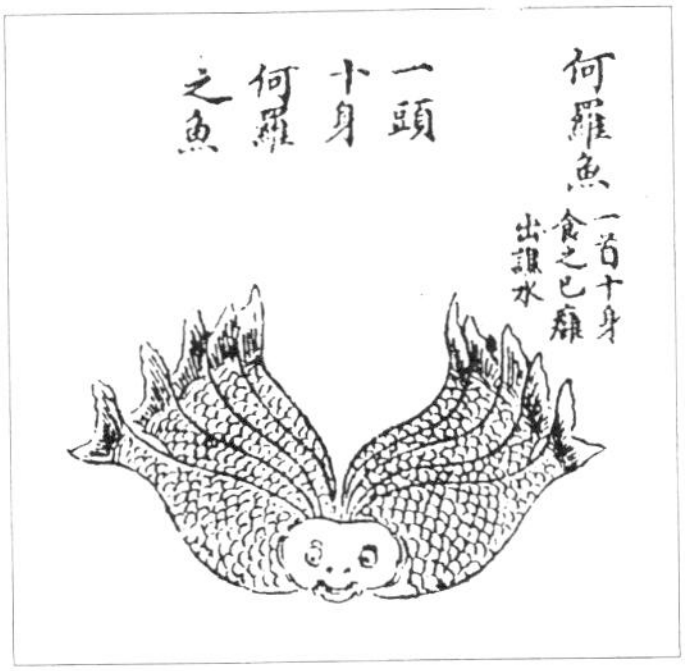
何羅魚 一首十身
食之已癰
出譙水
一頭
十身
何羅
之魚

図9

島根県にあったというのは歴史の改竄《かいざん》の結果）。

　出雲朝が国譲りした後に山梨県を首都とする高千穂町が成立したが、長髄彦《ながすねひこ》に簒奪《さんだつ》されたため、九州にいた皇太子が即位して九州王権が成立、さらに神武東征で長髄彦が倒れて奈良県の大和朝が始まった。その後、東北出羽から出た姫氏が中国大陸に玉版（『山海経』のもとになった絵図）を持ち込むとともに、紀元前1122年に周王朝を建てた。

　後に中国の史家が玉版を古代中国の記録と誤解して古代中国史を作った。特に『山海経』に出てくる「大宛」という言葉は本当は台湾を意味していたが、司馬遷が『史記』大宛《だいおん》列伝で西域の意味で使ったことが、『山海経』読解の混迷を深めたという。


　支那人《チャイニーズ》は日本民族が大陸を侵略して姫氏周朝を建てた事を国辱と考えてはならない。姫氏周朝なかりせば殷朝の暴君紂王だけとなり中華文化なるものもない。（本書196ページ、ちなみに李は「支那」を「チナ」、「支那人」をチャイニーズと読むことを提唱していた）

　また、比較の対象となるべき古代日本史についても、秦始皇帝によって中国を追われた倭人と呼ばれる勢力が、日本を乗っ取って日本国家の起源が中国史よりも新しくなるよう歴史を改竄してしまった。李によれば、その日中双方の歴史改竄を糺《ただ》す鍵こそ『山海経』の正しい解読だ、というわけである。

　李は田中に原稿を託し、それは『わたしの山海経』全三巻（1991）の大著並びに本書の形で日野史談会から世に出された。『わたしの山海経』は全文手書き原稿のコピーという特殊な体裁だった。

　李は1997年、体調を崩したとのことで日本の郷土史家との音信を絶った。田中氏も今はもうこの世の人ではなく、菊池や李の業績に関わる膨大な蔵書も遺族によって処分されたと聞く。

　李は1920年生まれ、戦前は台湾総督府嘱託として教育関係の職につき、戦後は農林業に従事しながら『山海経』研究と台湾先住民文化の研究に生涯を捧げた。日本統治下の公民化教育のもとで育ち、戦後は大陸から渡ってきた国民党による現地人差別にさらされた世代である。その経験が李に日本びいきの心情をもたらしたものと思われる。

李自身は終生、日本の地を踏むことはなかったようだが、だからこそ彼は現実の日本に失望することなく、日本に対する憧憬《どうけい》を本書に強く反映させることになったのであろう。（原田　実）

○○○どうにも邪魔な○○○

『チベット大虐殺の真実』（西村幸祐責任編集）

支那ばもろとも

２００８年３月10日に始まった大規模なチベット自由化運動と中国共産党政権による大弾圧は、ちょうど同年の北京五輪を控えた絶妙のタイミングもあり世界中に大きく報道された。

我が国でも少なからぬ市民がウェブや現実世界で「チベットを守れ！」と行動を始め、ネットのあちこちに雪山獅子旗（１９１２年にチベット独立を宣言した際、ダライ・ラマ13世によって国旗として制定された旗）の画像が貼られ、このまま行けば「Free Tibet」がその年の流行語大賞に選ばれるんじゃないか、とい

オークラ出版
2008年
品切れ

雪山獅子旗

うほどの盛り上がりを見せたことをご記憶の方も多いだろう。

「侵略」の犯罪性を一番よく知り国際的にもさんざ喧伝《けんでん》しているはずの中国が、なぜ自ら同じことをチベットや新疆《しんきょう》ウイグル自治区でもっと長期間継続して平気なのか。中国共産党当局の姿勢に疑念を感じた市民らによる「Free Tibet」運動は、もちろん大半はチベットの民を案ずる衷心《ちゅうしん》からの行動であったことは間違いない。が、中には折からの中国各地における反日暴動を腹に据えかねていた層による、**中国人へのあてつけ目的**もあったことは残念ながら否定できないだろう。

本書はこの2008年のチベット弾圧を受け、急遽出版されたムックである。4月10日のダライ・ラマ14世訪日時のインタビューを全文掲載するなど、いろいろ貴重な論考が入っている労作だ。奥付は「5月30日」とあるが、4月末にはもう市場に並んでいた。編集後記によると製作期間は3週間余り（印刷製本にかかる時間を差し引けば実際そんなものだろう）。この短期間でこれだけの原稿を集めた編集部の手腕には正直驚嘆する。

ただし、緊急出版アンソロジーではよくあることだが、収録された論考は残念ながら正直粒揃いとは言いがたい。

たとえば『目覚めよ日本！　我々こそが救うのだ！――瀕死のチベットを』（109～124ページ）は、文章主体の本書中唯一のマンガ作品であることもあり、最もそのオモシロさが際立ってしまっていた。

本作は、まずチベットがいかに古い伝統を持った格式高い国であるかを解説してくれるのだが、のっけから「アジアには黄河文明、インダス文明の他にチベット文明があった」とすごいことを言い出す。

「発掘調査によると　チベットを中心にしてぐるぐると円を描くように彩文土器が出て来てるんだ」

「えーと、それはつまり？」

「チベットが文明の中心地だったってコトじゃない？　周りの国々に文明を発信してたのはチベットだったのよ！」
「つまりチベット高原はインドや支那の大河文明の生みの母ってコトかァ!!」（113〜114ページ）

それが本当ならチベットから地球最古の彩文《さいもん》土器が出土してないとおかしいし、もし出ているならそう書いた方が早いと思うのだが、残念ながらそんな記述はない。

だいたい「ぐるぐると円を描くように彩文土器が出てくる」と言っても、チベットに近いほど古い時代の彩文土器が見つかっているという意味ではない。ご存知のようにアジアで発見されている最古の彩文土器は、チベットから遠く離れた黄河中流域で紀元前4000年頃作られた仰韶《ぎょうしょう》文化期の彩陶《さいとう》である。ならば、よりチベットに近いガンジス流域や新疆ウイグルからはもっと古い彩文土器が出てきてなければ話が通らない（図1）。

たとえるなら**「富士山の周囲に遺跡が見つかるので日本の文化は富士の火口から広まった」**と無茶苦茶を言うようなもんである。

さらに文明だけでなく軍事的にもチベットが中国を凌駕《りょうが》していた証しとして、7〜8世紀に栄えたチベットの吐蕃《とばん》王国が唐の都・長安を支配下に治めていた事例を引き、「なんじゃそれ、てめえらがチベットから支配されとったんやないけーッ」（115ページ）と驚いてみせる（図2）。

確かに763年10月、吐蕃のティソン・デツェン王が安禄山の乱による唐の混乱に乗じて長安を無血占領したのは本当だが、史実では疫病《えきびょう》の流行と唐軍が長安に戻ってきたため、**ものの2週間かそこらで撤退**している。「なんじゃそれ」と言いたいのはこっちの方である。さすがにそれで「チベットが中国を支配していた」と言うのは、**「ドクター中松がフロッピーを発明した」並みの誇大広告**だと思うのだが。

チベット人も対処に困るようなほめ殺しを展開す

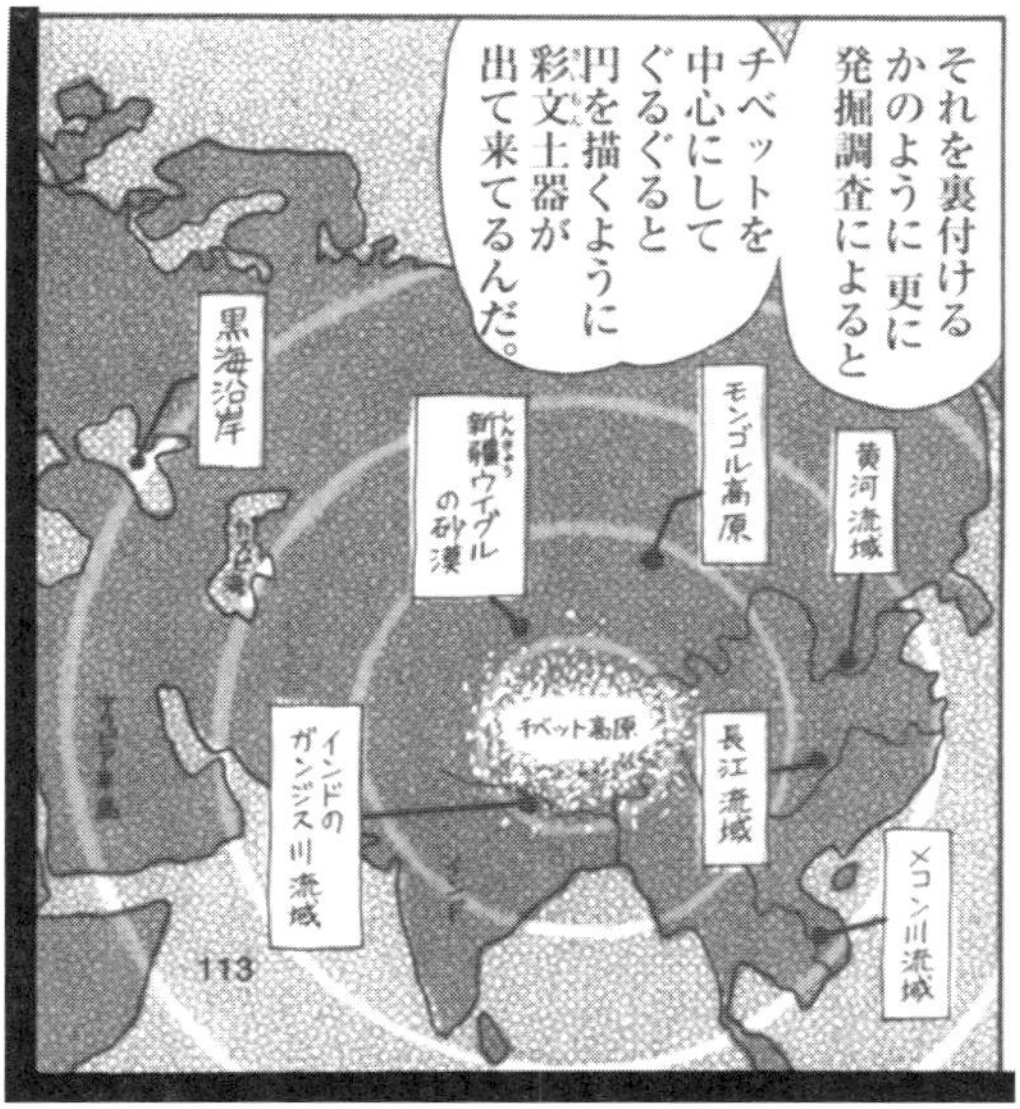

図1　この調査結果では逆に「チベットは彩文土器の空白地帯」という結論しか導き出せないのでは……

る一方で、全16ページのマンガで「支那人は人を喰う野蛮人」と3度も繰り返すなど「支那」を徹底的に貶《おとし》めまくる（ちなみに16ページ中「支那」は45回も出てくる。**石原慎太郎閣下もびっくりの支那密度**であ る）。**チベットを助けたいのか、チベットをダシに中国の悪口を言いたいだけなのか**そろそろ怪しくなってくる。

さらに「本来日本って国はチベット以上に民族の歴史も古くて高貴な皇室伝統を持ってる国なんだよ。俺は、チベットがアジアの母なら、日本は世界の母だと思ってる！」（120ページ）と、いつの間にか話がチベットから美しい日本バンザイな方向へ脱線し、結論としては「日本人一人一人が支那と戦争する覚悟を持て！」と威勢よく訴える。

もっとも、ここで「よし　じゃあ戦争の仕方を授けよう」（123ページ）と主人公がえらそうに教えてくれるのが自爆テロでも集団的自衛権行使でもなく「ODA中止！」「北京五輪不参加！」「中国製品を買うな！　安くても我慢！」と来るので大いにズ

今、支那は
チベットを
我が領土だと
言ってるが、
何と吐蕃王国の
国土は、
インドの
ガンジス川流域、
支那を越えて
ロシアの
シベリアにまで
広がっていた。
更に何と
イスラム世界の
アラビアにまでも
広がっていたんだ。
それに支那の
唐の都・長安も
支配下に治めて
いたんだぜ！
シベリア
長安
チベット
ガンジス川
インド
アラビア半島
地中海
エジプト
なんじゃ
それ
てめえらが
チベットから
支配されとったん
やないけーーッ

図2　完全にウソではないとは言え……

ッコケる。**どこが戦争だよ！**　尖閣諸島をめぐる日中間の衝突も激化していなかった時代のマンガだけあって、今にして見ると**なんとも牧歌的でむしろほのぼのとすらさせられる。**この数年で、世の中ずいぶん殺伐としてきたもんです。

支那の走狗が法王様を侮辱！

そんなマンガよりもっとすさまじかった論考が、「朝日歌壇のトンデモ川柳」というコラムであった。……え？　「歌壇の川柳」？……ええと、毎週月曜朝刊の「朝日歌壇」と読者欄に掲載される「朝日川柳」はまったく別物なんですけど……。しかも本文タイトルでは「朝日歌壇」を「花壇」と誤植するという二重のミスをやらかす始末。**校正者もよほど朝日が嫌いなんだろうか**（図3）。

それはともかく朝日川柳なら評者も時々目にするが、そんなチベットがらみの「トンデモ川柳」を見た記憶はない。でもこんな糾弾《きゅうだん》記事が1本できあがるぐらいだから、**よほど人として最低な句なんだろ**

「どうにも邪魔な生き仏」
朝日花壇のトンデモ川柳
朝日新聞に電凸

江藤剛 ジャーナリスト

チベットで激しい人権弾圧が為される中、朝日新聞は「朝日歌壇」でまたもやらかした

　最近年のせいなのだろうか、若い頃は可能だった徹夜が出来なくなってきた。そういえば、体の節々も痛い……。まだ、ボケるには早いだろうが、何となく物忘れも激しくなってきた気がする。もうそろそろ年なのか……。齢を取ると、子供の頃のような純粋な感動という体験がなくなり、瑣末な物事に動じなくなるものだという。まだまだ若いつもりだったがそういう齢になったのか。
　今、世界中の良識派が注目しているのはチベットにおける民族浄化と人権弾圧である。

　チベットでは宗教
く、自由は剥奪さ
ど微塵も存在しな
もかかわらず、中
トの平和を「演出
トを発展させたの
だと言って憚らな
国中国」は、オリ
催国に相応しい大
にアピールしてい
　毒餃子事件のと
が、「あの中国だ。
やりかねない」と
では思っていた。
ら毒物の出てくる
平気で輸入してい

図3　二重のミスをやらかしたコラム表題

うな、と思ってワクワクしながら読んでみた。そうしたらその問題の川柳というのが、２００８年3月20日の川柳欄に掲載されたこの句であった。

　　五輪前どうにも邪魔な生き仏

　これは私も掲載時に見た覚えがある。ダライ・ラマをなんとかしてやろうと思っている中共のえらい人たちのホンネを**親切に代弁**してあげた、イジワルな川柳ですね。

　ダライ・ラマの地位を半ばヤユするような「生き仏」という呼称（十字架上のイエスにローマ総督がつけた「ユダヤ人の王」という捨て札のようなものだ）から、この句の視座が、ダライ・ラマを疎ましく思っている中南海の側にワザと立っていることが、限られた字数で効率的にほのめかされている。彼らが国際社会の手前言いたくても言えない本音をストレートに代弁することで、見事に中国の政権を皮肉っている。

私もよく石原慎太郎や金正日などいろんな人のオピニオンを霊言よろしく勝手に代弁して「バトルフィーバーJ」→「三国人だー自衛！」だの「赤胴鈴之助」→「テポドン撃つ之助」だのといった放送禁止替え歌を作るので、こういう底意地《そこいじ》の悪い「代弁芸」はおなじみである。この句の作者および選者の西木空人氏の意識は、ともにどちらかと言うと、いや、どう見てもこの『チベット大虐殺の真実』の編集方針の方に近いだろう。

しかし著者はそう思わなかった。どうも掲載媒体が掲載媒体だったせいで、この川柳を**見たまんま**受け取ってしまい「支那の走狗たるアカヒ新聞がダライ・ラマ法王を侮辱している！　けしからん！」と**怒りの炎をバーニング**させてしまったらしい。

　これはどう読んでも、平和の祭典オリンピックを前にわざわざ問題を起こすダライ・ラマ、邪魔で仕方がない、という意味だろう。更に言えば、「生き仏」という表現からはチベット仏教に対する軽蔑の念が滲み出てきている。近代化して、平和で民主的な中国の中で、未だに「生き仏」を信じる愚かなチベット人が、その生き仏に扇動されて暴動を行っている。そう言いたげな川柳だ。明らかにチベットを愚弄する内容だといっていい。世界中の良識派が、左右を問わず、中国政府によるチベットにおける人権弾圧に抗議の声を上げているときに、何という素っ頓狂な、いや、不謹慎な川柳かと、頭に血が上った。（164〜165ページ）

い、いや、だから「生き仏」ってのは、ダライ・ラマの宗教的カリスマ性を邪魔に思っている当局の軽蔑の念を代弁してあげただけで……。

だいたいもしこの句が本当に詠み人本人の心情をストレートに詠んだだけだったら、川柳としては一気に駄作になる、というか川柳でもなんでもない単なる**5・7・5調の愚痴**である。わざわざこんな川柳欄に採用されるわけがないと思うのだが。

ともかくこうなると人間おさまらない。著者は本当に朝日の広報に抗議の電話をかけてしまった。

「もしもし、お伺いしたいことがあるんですが、二十日に載った朝日歌壇の『五輪前　どうにも邪魔な　生き仏』という川柳はどういう意味ですか？」

だから「朝日歌壇」じゃなくて……**（震え声）**

「これは中国のことを風刺した川柳です」

「え？　中国を風刺した？　どうしてですか？　どう読んでもダライ・ラマを風刺した川柳にしか読めないのですが、社としてはどう思っているのですか」

「ご意見は伺います」

「だからどう思っているのですか。人権弾圧に黙っているのですか」

「…」

「だからどう思っているんだ」

「ご意見として伺います」

「じゃああなた自身はどう思っているのですか」

「中国を風刺したものだと思っています」

「どう読んだら中国を風刺したものになるのですか？」

「あなたのご意見は伺いました」（165ページ）

チキンハートな私など、文字書き写しているだけで動悸《どうき》が高まりパニック障害を起こしそうである（「だからどう思っているんだ」なんか、口調からして実際の電話では絶対「！」マークがついていたと思う）。私にはとても広報のような精神的重労働は務まりません。尊敬します。

もっともこの広報担当の人も、「中国を風刺したもの」なんて漠然とした言い方をしないで、ちゃんと「中国が国際世論の手前公に言いたくても言えない内心を代弁して皮肉ったんですよケラケラケラ」と説明すれば、わかってもらえる確率も何パーセントかは上がったのでは……ともちょっと思った。

だが「頭に血が上った」人には、論理はえてして通用しない。そもそも著者は「質問」や「取材」ではなく「抗議」の電話をかけたのである。最初から喧嘩腰の相手に理詰めで「えーここのどこがおもしろいかと言いますと」と説明しても、「じゃあ何だ俺はジョークを解さない原始人だとでも言うのかこのアカヒめ死ねボケカスKYまた赤報隊に襲撃されちまえ」と火に油を注ぐだけだろう。広報という名のクレーム担当係としては、この手の理不尽な抗議に対してはひたすらハア御説ゴモットモデゴザイマスと気が済むまでしゃべらせて鎮火を待つしかない。

朝日新聞らしい回答と言えば回答だが、全く意味が分らない。この川柳をどう読めば、中国を風刺したものになるのか。どう考えてもダライ・ラマに対する風刺、チベットに対する風刺にしか読めないだろう。そこに人権弾圧下に苦しむチベット人への冷酷な眼差しを見ることが出来るが、中国に対する批判精神というのは微塵も感じられないのは私だけだろうか。(同)

川柳一つで「人権弾圧下に苦しむチベット人への冷酷な眼差しを見ることが出来る」とは**感受性豊かなこと**であるが、広報の人こそ「全く意味が分らない」と言いたいところだったろう。

それとも私は年のせいでボケてしまって、朝日新聞ほどの知性がないということなのだろうか。全くもって不愉快な一日であった。(同)

巻末の執筆者プロフィールによると著者の方は1977年生まれ。寄稿時まだ30か31歳である。加齢による認知障害より、逆に若さゆえのナントカの方を疑った方がいいのではないかと、はるかに脳の老化の進んだ評者などは思ってしまう。

もっとも、30過ぎまでこの手のイジワルな川柳の読み方を身に付けられなかった心の美しい人は、この先も風刺とか諧謔《かいぎゃく》とか皮肉とか暗喩とかそれに類する作品に触れるのは控えられた方が、精神衛生上よろしいかもしれない。

> それにしても冷酷な朝日新聞。中共の走狗としか形容のできない新聞が、日本に存在していることは、嘆かわしい限りである。（同）

私は別の意味で嘆かわしくなった。チベットの人権問題を考える市井《しせい》の庶民がみんながみんな、こんな心にバイアスかかりまくったワカランチンだと思われたらまことに不幸である。

言うまでもないが、朝日新聞社にだってチベット問題を真面目に考え、その辺のネットワーカーは足も踏み入れられないような現場に近い場所で、チベット・中国の現状を見つめ続けている記者はいる。ネットに恣意的に引用される一部の記事だけでなく、実際の紙面を読んでいれば、朝日が中国礼賛記事ばかり載せているという非難が風評にすぎないとわかるだろう。

私は、いかなる場所・いかなるイデオロギーの人であれ、真摯にチベット問題を考える人たちとは広く情報交換をし、同じ目的を持つ者同士、力を合わせるのが得だと思っている。そういう人たちを味方に取り込むどころか、「アカヒだから」「シナ人だから」とレッテルを貼り片言隻句《へんげんせっく》まで悪意をもって解釈し勝手に敵に回すのが、果たしてチベット問題解決にとって得策かどうか。本気でチベットを解放したいのなら、こんな「仲間割れ」は、むしろ**チベット侵略を目論む側を利するだけ**だと思うのですがどんなもんでしょ。

それはともかく、本書も別にトンデモハンティング目的ではなく、純粋にチベット問題の一資料として購入したものであった。それが、入手して適当にページをめくって最初に目に入ったのがこの「トンデモ川柳」記事だったので逆の意味で衝撃を受け、これはいかんと思って次に開いたところにあったのが、今度は「チベットがアジアの母なら日本は世界の母！」だったからたまらない。申し訳ないが正直、その場で本書を放り投げそうになった。最初からトンデモ狙いで買ったのならここまで落胆はしなかっただろう。

もちろんちゃんと読めば、ダライ・ラマ法王記者会見やペマ・ギャルポ氏の講演録など貴重な記事もあり、チベット支援団体代表の方のインタビューや硬派な良記事も少なくない（本当によく3週間ぽっちでこれだけ原稿揃えたと思う）のだが……すいません、第一印象があまりに強烈で、他の記事まで色眼鏡で見てしまいそうに……。そういう意味では、本書とはまことに不幸な出会い方をしてしまった。

中国の嫌日家が日本の、日本の嫌中家が中国のアラばかりあげつらうように、人間、他者の美点より欠点の方が必要以上に目につくものである。複数の著者の原稿が集まるアンソロジーは、たとえ大多数が素晴らしい原稿だったとしても、中に1本か2本「あれ？」と思う原稿が混入するだけで、本全体の信頼度も低下し、自分だけでなく共著者にまで恥をかかせてしまうことがあるからおそろしい。私も「と学会どうにも邪魔なクララ・キイン」とか言われないよう、せめて他の著者の足まで引っぱるようなオモシロ原稿は書かないように気をつけたいものである、と思いきり自戒をこめつつ。もう遅いですかすいません。

ちなみにこの川柳、今でも「朝日新聞の中国追随の証拠」としてその手の方々の間では語り伝えられているらしく、今年（2014年）になってもこの句を引き合いに出した朝日非難をツイッターで見かけて目眩《めまい》を覚えたものである。だったら2013年の麻生太郎副総理兼財務相（当時）の**「ナチスの手口に学んだらどうか」**発言も、皮肉ではなくそのままの意味に受け取られるのだろうか？　あっちの皮肉はちゃんと皮肉として受け止め擁護《ようご》し、こっちの皮肉は通じないというのではダブスタもいいところであろう。結局のところ**自分が叩きたいもの（叩いて楽しいもの）の揚げ足を取って叩いてるだけ**じゃないか、と取られるのは損だと思うのだがいかがなものでしょうか。

てゆうか「朝日のひどい川柳」と言えば、やはり２００８年の10月７日に載った清原和博選手現役引退を詠んだ句、

三年の重荷を下ろすオリックス

の方が、個人的には「生き仏」なんかよりはるかに抗議に値するあんまりな句だと思った。清原親分は３年間十分オリックスに客を呼んでくれたと思うんだけどなあ。もっとも私にはわざわざ電凸するほどの情熱はありませんが……。（クララ・キイン）

column

中国オタク事情　現地のタブー編

百元　籠羊

中国ではメディアのコントロールが強力に行われているということもあり、日本における一般的なイメージとして「中国ではアニメや漫画等の娯楽コンテンツに関しても規制と管理が厳しい」といったものがあるかと思います。

確かに中国のアニメや漫画等の一般的なコンテンツの表現や内容に関しては日本と比べてかなり厳しいものとなっています。それに加えて中国の規制には明確なガイドラインが存在しないことも多く、そのときどきの社会の空気の影響を受けることや、お偉いさんに目をつけられた場合はどうしようもないといった独特の事情もあり、商業作品の展開は日本に比べるとかなり不安定なものとなっています。

しかしそれと同時に中国の規制には案外とザルと言うか、イイカゲンな所もありまして……実は中国の規制に関しては特定のタブーとなる分野、そのときその時の社会情勢によってめんどくさいことになりやすい部分を避けていれば、目立ちすぎない限り案外なんとかなってしまうという所もあったりします。

またタブーとされる内容に関しても触れない方が良い、触れて得になることはないといったものから、やりすぎて目立つようなことにならなければいいものまであります。ここではその中国のアニメや漫画、オタク界隈におけるタブー等を大雑把に紹介させていただこうかと思います。

「暴力」と「エロ」規制は日本より厳しい

さてそのタブーですが、まずわかりやすい所では「暴力」と「エロ」でしょうか。これに関しては世界中どこの国でも何らかの規制はあるかと思いますが、とりあえず日本と比較して考えた場合、中国ではエロ、ポルノ関係についてでは日本よりも特に厳しいものがあります。

最近はインターネットの普及と整備により中国でもネットに限ればエロ関係のコンテンツは実質的に見放題な状態になっていますが、それでも現実社会に流通するコンテンツに対する規制は厳格なものとなっています。これは正規ルートだけでなく、海賊版等の非正規ルートに対しても影響しています。中国では普通に海賊版を売る（？）場合はよほど大量にならない限り、取り締まりを受けても没収程度で済みますが、エロ関係の海賊版を売ってポルノ販売と見なされてしまった場合は厳格な対処と刑罰を受けることになってしまいます。そのため、中国では海賊版の漫画等でもエッチなシーンや露出度の高いシーン等には修正・削除等が行われているケースも少なくないようです。

またテレビアニメにおいては「暴力」と「エロ」に関して特に厳しい傾向があります。中国ではテレビアニメは基本的に子供の見るものとされていますし、その結果「子供に影響を与えるもの」という見方もされています。テレビアニメの内容に関して日本よりもかなり潔癖な所があり、暴力方面とエロ方面に関する風当たりはどんどん厳しくなっています。中国のテレビで昔放映されていた日本のアニメ、たとえば『北斗の拳』や『聖闘士星矢』等を今放映するのは難しいそうですし、流血描写のある作品に関してはほぼ無理になっているそうです。

また一昔前の、まだ日本のテレビアニメが中国のテレビで放映されていた頃でも作品によっては中国のテレビの基準でアウトになるシーンのカットや修正が行われていました。たとえば『新世紀エヴァンゲリオン』等はファンによる各話のカット、修正箇所のリストが作られるぐらい多くのカットや修正がありました。そして現在では中国で『エヴァ』が放映された00年頃よりもさらに厳しくなっているようです。「中国のテレビで『北斗の拳』が普通に放映されて人気になっていたのが信じられない」と言った話も聞こえてきます。

恋愛要素のある日本のコンテンツが正規ルートでも中国に入れた理由

あくまで私の大雑把な印象ではありますが、アニメや漫画等のオタク系コンテンツにおいて中国と日本の感覚にかなりの差があるのが恋愛に関してでしょうか。

中国では「早恋」という言葉があり、小さい子供や若者（だいたい中高生くらいまで）の恋愛に関しては好ましくないどころか有害、悪であり御法度《ごはっと》とされています。学校でも先生から保護者へ「早恋はダメ」といった話があったりしますし、中国のテレビの子供向けの番組では恋愛関係の描写は基本的にアウトです。もしそういったものが目立つと保護者や有識者の方々から抗議が来たりしてしまいます。

こういった社会的な背景もあることから、中国の国産のアニメ作品ではキャラ同士の恋愛要素を内容に組み込むことは珍しいですし、それがあからさまなモノであった場合は結構な反発が出ます。そしてそのような反発が出るリスクもあることから、低年齢層がターゲットになる中国の国産テレビアニメでは恋愛、ラブコメ的な要素をあえて入れることはなかなかないようです。

しかし恋愛、ラブコメ的なモノに関して需要がないわけではありません。アニメや漫画を見たりゲームをしたりする青少年からすれば、そういったものがあればうれしいのも確かです。日本のアニメや漫画等のオタク系コンテンツが中国で若い世代に人気になった理由の一つとして、中国の国産作品にはなかった恋愛要素があるのも間違いないでしょう。実際、私が中学から大学まで現地校に通っていたときも、私の周りでは日本のラブコメ系の漫画や恋愛系の少女漫画（当時の中国はまだ正規のルートもなく、所得もそれほど上がっていなかったので海賊版ばかりでしたが）が人気になったりしていましたし、ゲームでは恋愛SLG《シミュレーションゲーム》の『ときめきメモリアル』がトンデモない人気になったりもしていました。また、中国で人気になった日本のアニメや漫画を見ていくと、恋愛がメインの要素でなくてもストーリーや人間関係の基礎の一つになっていたりするケースも少なくありません。

　恋愛要素のある日本のコンテンツが正規ルートにおいても中国にかなり入ることができたのは、恋愛要素の有無に関しては作品をきちんと読まなければならないのでチェックが難しいうえに、クレームをつける際にも問題の指摘や説明の手間等から報告書の作成にかなり苦労するということでスルーされやすかったという事情もあるそうです。

　しかし、いくらチェックが厳しくないとは言っても、ビジュアル面でわかりやすい恋愛描写で「エロ」方面の要素と見なされることもある「キスシーン」等は規制されやすい傾向があるそうで、中国のテレビで放映される際にはシーンがカットされたり修正されたりするそうです。このキスシーンの修正に関して中国のオタク界隈で有名なものには、中国のテレビで放映されたTV版『エヴァ』の第15話のシンジとアスカのキスシーン等があります。この部分、中国のテレビで放映される際にはなぜか「踊りましょうか」というシーンになったそうですが、この**キスをダンスに改変してごまかすというのは一昔前までの中国の子供向け作品の修正における定番のやり方**だったそうです。

　ちなみにこの恋愛及び「早恋」に関しては、大学に入ればだいたい解除となるようです。中国の大学はほぼすべての生徒が基本的に寮住まいとなるので親元から離れることになりますし、大学進学したら恋愛関係で急にはじけてしまう人も少なくないとか。また、中国では結婚して子供を産んで家庭を作ることについてのプレッシャーが現在の日本の比ではないことから、恋人を作れだとか結婚を考えろといったプレッシャーも急に強くなるそうで、親から恋愛禁止状態にされていたのに社会に出ていく段階になったら急に「早く結婚しろ」と要求され、かなり混乱したり理不尽に思ったりする人も少なくないのだとか。

ここまでが子供向け作品、あるいは低年齢層も視聴者になる作品におけるタブーでしょうか。

もちろん、上の年代向けの作品でもエロ描写や暴力描写に関してはやりすぎるとアウトになりますが。そしてこれから先に紹介させていただくのはコンテンツ内の表現やオタク界隈だけでなく、中国だとどの分野でも多かれ少なかれ関わってくるようなタブーと言うこともできます。

中国のネットではイロイロな規制検閲が行われていますし、政治関係の事件やその関連用語、お偉いさんの名前といったものが検索禁止ワードになっていたり、そういったワードを検索すると一時的にネット接続から弾《はじ》かれたりといったこともあります。また個人レベルでも、ヘンに騒いだり、ヘンな方向の炎上をさせている、たとえば政府批判につながることや社会不安を煽《あお》る（とされる）こと等をやっていると怒られたり潰されたりしてしまいます。

しかし逆に言えばそういったタブー、「敏感な話題」を避けてさえいればよいという面もあります。それにタブーになりやすい分野であっても徹頭徹尾すべてがダメというわけでもありません。現地では隠語やあだ名を使って話題にしたりネタにしたりはしていますし、中国のオタク界隈においても良い意味でも悪い意味でも頭の悪い発言が飛び交っています。

とりあえず以下に中国のネット、オタク界隈でタブーになっていることや、ゴタゴタにつながったり上に目をつけられてめんどくさいことになったりする可能性がある、扱いが難しいことに関してまとめさせていただきます。

日本のアニメや漫画が中国で流行ったのは政治的要素があまり出てこないから

タブー、ヤヤコシイことになる話題として真っ先に来るのが「政治関係の話題」です。時事ネタ程度ならば問題ないのですが、中国国内の政治に関しては「敏感な話題」も多いですし、中国のネットの禁止ワードが含まれるケースもしょっちゅうです。また近現代中国の諸々を振り返ってみれば政治関係でゴタゴタした事件がイロイロと出てきますし、日常生活において自らの政治的な立場、意見を明確にする、さらには討論等で現政権の政治的な模範解答と対立するような意見を言って得になるケースはあまりありません。そんなわけで中国のオタク界隈では「敏感な」政治のネタに関してはさわらぬ神になんとやら状態になっていますし、空気を読んでスルーすることを求められます。

そして中国のオタク関係、特にネット上では意識的に政治ネタは避けられています。ネットにおける中国オタク系のコミュニティ、フォーラムは中小規模の個人あるいはグループが運営している所も多く、もし目をつけられてしまった場合はかなり大変なことになります。

日本では「たかが娯楽だから」とお目こぼししてもらえるケースもあるかと思いますが、中国では「たかが娯楽だから」潰しても問題ない、むしろ何かあったらめんどくさいので問題が起こりそうな（に思える）所は積極的に潰していく傾向があります。そのような状況ですから中国のオタク界隈の人たちもやられたらしょうがないとあきらめますし、そういったことにならないように常日頃から空気を読むスキルを磨いています。サイト運営側もサイト上のやり取りがうっかりネット検閲の「禁止」あるいは「敏感な」ワードに引っかかりすぎたり、政治ネタの炎上の発信地になったり飛び火先になったりしたら大変なので、イロイロと気を遣ったりもしているそうです。**サイトのルールには「敏感な話題は**

なし」と明記されていることも多いですし、問題になりそうなワードを禁止したり、問題になりそうな内容のスレッドや発言、炎上した、あるいは炎上しそうなスレッドや発言を随時削除したりして頑張っている模様です。

ちなみにこの政治ネタに関しては過度の日本叩き、反日関係の話も含まれます。日本では以前中国には「愛国無罪」があり、反日行為を認めているといった話も出ていたかと思いますが、**現在の中国ではすでに愛国無罪という言葉は通用しません**。基本的に政府の方針、コントロールしたい方向から外れるような盛り上がりはダメ、盛り上がりすぎちゃって政府の態度を批判するような方向で炎上したらアウトです。

もちろん反日関係について話題にしてはいけないというわけではありませんし、中国では日本叩きネタが定番ネタ（?）の一つなのは確かです。日本が気に食わないだとか日本軍国主義がどうのこうのといった日本叩きの話題がちょくちょく出る程度、炎上しないレベルなら問題とはされません。ただ中国のオタク界隈では空気を読んである程度のやり取りで終了して別の話題に移ったり、ボヤになりそうな流れに見える発言やスレッドはバッサリと削除していくケースも多いようです。

しかしここまでイロイロと書きましたが、いくら政治関係に「敏感な話題」が多いとはいっても、何でもかんでもアウトというわけではありません。よほどピンポイントなものだったり繰り返し広めるとかでもしない限り、たとえば愚痴ったり軽く罵る程度ならそこまで問題にはなりませんし、お目こぼししてもらえることがほとんどです。この辺りの空気の読み方については中国で生活をしている人でなければわかりにくい所もありますが……。

このような背景もあってか、日本のアニメや漫画が中国で流行《はや》った理由の一つとして「政治的な要素があまり出てこない、政治的な要素があったとしても現実社会とリンクする内容が少ない」という点があるそうです。日本のアニメや漫画は、たとえばロック等と比べれば政治的には無色なものが多い娯楽ですし、政治に関するゴタゴタからは遠い存在であることから、中国では他の趣味に比べて政治や社会的な理由で規制や取り締まりを受ける可能性も比較的小さく、ハマっていても「安全」な趣味とされています。

また日本のアニメや漫画等のオタクコンテンツに関する話題、オタク関係の話ならば政治関係の部分に踏み込まないで済む、ある程度気楽にやり取りができるということで、中国の若い世代の間では娯楽としてもコミュニケーションの話題としても重宝されているという面があるそうです。

中国では古典をアレンジしたり、独自の解釈や翻案を行うのはダメ

中国の歴史、特に近現代史関係は現在の政治も絡んでしまう部分があり、扱いの難しい話題です。「こうあるべし、こう解釈すべし」という中国で現在「公式回答になっていること」以外について語るとめんどくさいことになりやすいですし、公式回答ですらそのときそのときの政治や社会の風向きで変わります。

たとえば国民党関係の話題等はそのときの台湾との政治的な距離によってかなり変動しますし、比較的フリーダムな描写が可能となる抗日戦争モノであっても、日本の描写に関して政治的な要素が影響することがあります。近現代史以外の時期であれば比較的自由な話ができますし、中国国外の歴史で中国の近現代史に絡まない部分であればかなり自由にやり取りもできるのですが。

それから歴史から少々外れますが、現在の中国社会における有力な価値観の一つに「歴史的価値のある古典をアレンジする、独自の解釈や翻案を行うのはけしからん」というものがあります。

日本でも有名な『三国志演義』や『西遊記』もそういった考えの対象となる作品でして、そういった古典作品をベースにした翻案、独自要素の付加やパロディに関して厳しい所があります。あまり話題に

ならない状態、一部のファンが楽しんでいる状態ならばともかく、人気になって一般社会に広く知られるようになると批判が起こってしまうことも珍しくありません。またそのような背景があることから、日本のアニメや漫画における中国古典ネタの作品に非常に大きな衝撃を受けることもあるそうです。有名どころでは『ドラゴンボール』等がありますし、藤崎竜版の『封神演義』等は中国のオタク界隈のクリエイターに大きな衝撃、「こんな風に古典的要素をアレンジできるのか、現代の作品に活用できるのか」といった衝撃を与えた作品だそうです。

『コードギアス』が中国人に衝撃を与えた理由

領土関係の問題は「炎上しやすい」という面でも注意しなければいけない話題となっています。最近は日本でも尖閣諸島関係の事件等から領土に関する意識が強くなってきていますが、それでも中国の領土に関する意識の強さ、執着には遠く及びません。

中国では近代に一部が植民地化された歴史的背景等から、自国の領土が極めて重要なものとされています。歴史教育や国防教育等でしっかりと学びますし、ニュース等でもよく触れられることから日常生活でも強く意識されています。そして創作の中であっても中国の領土が失われたり侵略されたりする、あるいは分断されるというのにはカッとなってしまう人がかなり多いそうです。

この領土の意識に関しては近年さらに強くなってきているようです。たとえばロボット系の作品等の世界的な規模で戦いが起こる作品では世界各国の状況や国境が現実の世界とは異なる設定になっているケースも少なくありませんが、そういった作品に関して主な舞台が中国ではないのに、設定上中国の領土が侵略されたり分断されたりしている、あるいは中国が崩壊して別の国になっている等ということで現地のコミュニティでは炎上状態になる、あるいはなりかけるといったようなことも起こっています。地球が舞台となる作品の場合、中国あるいは中国があるアジア大陸の描写がゼロになることは少ないですし、一部では「今の中国にロボット系の作品を売る場合、地球を舞台に戦う作品はもう難しいかもしれない」なんて言葉が出たりもしているとか。

またこういった考え方が根底にあるので、日本の作品でたまに出てくる「日本が敵に占領されている状態」「日本壊滅寸前」のような設定の作品には驚くと同時に「そんな作品を作って大丈夫なのか」と心配になったりもしてしまうそうです。そういった設定の作品は中国にもイロイロと入っていますが、中でも『コードギアス』はそういった方向の衝撃が非常に大きかった作品です。『コードギアス』の設定では日本は侵略され植民地化されているということになっていますし、その解放に関わっていく物語の主人公ルルーシュは日本人じゃない、日本人はむしろ引き立て役やら悪役やらになっている！　ということで、中国で人気になった当時は「あんなことをアニメでやってよいのか⁉」と驚いたり心配されたりしていました。作品のおもしろさに加えてそういった衝撃があったことから、『コードギアス』は中国のオタクの間に非常に強い印象を刻んだ作品となっているそうです。作中で植民地となった日本を指す「11区」という言葉が、現在の中国のネットで**日本を指すスラングとして完全に定着していること**等からも、作品の与えた衝撃の大きさが見て取れます。

「封建的な迷信の度がすぎる」とされるとアウト

そしてもう一つ、宗教関係の話題がちょっとしたタブーと言いますか、避けるべき話題となっています。中国では過去に宗教関連の事件がイロイロと発生していますし、現在進行形で政治的な問題が絡むケースもありますから、中国のオタクの人曰く、「基本的に宗教の話はしない方がよい」といった扱いになっているそうです。

また宗教関係とは微妙に違うカテゴリーですが、「封建迷信」というのが中国のコンテンツの審査基準にあるそうで「封建的な迷信の度がすぎる」と見なされるとアウトになってしまうそうです。これに関しては超常現象的な要素やファンタジー的な要素も含まれますし、「恐怖霊異」というホラー系のカテゴリーと組み合わされることもあります。日本の作品では『DEATH NOTE』等がこの方向で批判の対象になったこともあります。

しかし宗教関係の中でも、道教だけはよほどとんがった話やゴタゴタするものにならない限り、問題ないようです。これに関しては道教的な要素が中国の文化、そして娯楽において重要なものとなっているというのも関係しているという話です。道教的な要素は中国の娯楽の基本的なジャンルの一つである武侠モノの世界観に関わってきますし、最近の中国の娯楽における一大ジャンルとなっている「玄幻」においても重要な要素となっています。「玄幻」はかなり大雑把なジャンルでして、広義では現在の中国で広まっているネット小説系ファンタジーのジャンル全体を指すそうです。その中身には中華系のファンタジーだけでなく、欧米系ファンタジー、SF、武侠、アニメやドラマの二次創作的世界観によるファンタジーまで入ってしまうときもあります。ある意味非常に大雑把な括《くく》りでもある「玄幻」ですが、その基礎的な部分には中華ファンタジー的な要素がありますし、それには道教ネタが欠かせません。ですから仮に道教関係が完全にアウトになった場合は中国の日常的な娯楽が甚大な被害を受けてしまいます。そういったこともあってか、道教に関しては娯楽レベルの話題にとどまっている限り、それほど問題とはされないようです。

タブー回避の落とし穴

中国の現地ではこのようなタブーに気を遣いながらコンテンツが広まり、ファンが交流や創作の活動を行っています。この辺りのタブーに関する見極めはやはり現地の人でないと難しい所もあるのですが、現地の人間であってもときおり地雷を踏んでしまうことがあります。

そういった「失敗」に関して比較的よくあるのが、今まで大丈夫だったからと、なぁなぁでやってきたものに人気が出たり市場の規模が大きくなったりして上の目にとまってしまいダメになるというケースや、政府関係やスポンサー関係等の「上」の方ばかり見て「下」（視聴者、消費者）の方を意識しなかったことによる問題勃発といったケースでしょうか。

中国国産の人気アニメ『喜羊羊と灰太狼』（広東原創動力文化伝播有限公司、2005年）

視聴者の子供が番組の真似をして友達に大怪我をさせてしまう事件が起こり、社会問題となってしまった『喜羊羊と灰太狼』の一場面

たとえば中国の国産アニメに関係した事件としては、近年の中国アニメ産業で最も成功したと言われる中国国産の人気アニメ『喜羊羊と灰太狼』（2005年）に関して起こったものが記憶に新しいです。この作品は羊と狼のキャラによるスラップスティックコメディなのですが、流血表現がなければ大丈夫だろうとドツキ漫才的な表現がどんどんエスカレートしていったそうです。そしていつの間にやらかなり過激な表現になってしまったうえに、番組内でもいわゆる「よいこのみんなはマネしちゃダメだよ」といった呼びかけも行っていなかった中で、視聴者の子供が番組の真似をして友達に大怪我をさせてしまうといった事件が起こり、社会的な大問題となってしまいました。

また他にも、オタク系の雑誌の出版やグッズの流通では、アニメ雑誌で使用した作品のイラストにおけるキャラの露出度やオタク系グッズショップで売られていた『ブラック★ロックシューター』のフィギュア等、中国現地のオタク業界の感覚で問題ないとされていたレベルのものが、実際には問題とされたり社会的な批判の的になってしまったりしたケースもあります。

以上、中国のオタク界隈における比較的はっきりとしたタブーについてまとめさせていただきました。こういった所が中国におけるコンテンツ創作や、中国への日本のコンテンツ進出を難しくしているのは否定できません。しかしこういったタブーを押さえておけば、ある程度何とかなるのも確かですし、現地ではこの範囲においておもしろいコンテンツ、売れるコンテンツを作ろうとしていますし、このタブーに引っかからない日本のオタク系の作品もどんどん中国に入って人気になっています。

もちろんタブーによる難しさというのはありますが、それを乗り越えて中国で人気になる作品は常に出ていますから、中国のオタク市場に関しては単純に規制が厳しい、難しいと見るのではなく、日本の感覚とは異なる独特なルールが存在する場所と見るべきなのではないかと、私は思っています。

column

清末中国の宇宙人アブダクション事件を検証する――松滋県の覃さんは宇宙人にさらわれたのか？

明木　茂夫

中国のＵＦＯ本やウェブサイトでは有名な話

宇宙人の乗ったＵＦＯが昔から中国に飛来している、という話もあちらではすでに定番となってしまった感がある。ＵＦＯに関する書籍は今も中国で結構出版されているが、やはりビリーバーの立場からのものばかりで、懐疑的な立場からの検証、といったものはほとんど見かけない。それに、最近のニュースはどうも小粒なものばかり、これというおもしろい大事件もめっきり減ってしまったようで、ちょっと寂しい気もする。しかしここらで一度、これまでの中国ＵＦＯ都市伝説の流れを落ち着いて見直しておくことも必要なのではないかと、最近感じているところだ。

そんな中で今回ご紹介したいのは、地方志『松滋県志』の「異聞《いぶん》」の項に見える不思議な出来事である。それこそ中国のＵＦＯ本やウェブサイトではあちこち引用される話なのであるが、比較的早くにこれに言及した著作としては、

王矛・王敏『中国文化故事物語』（日本語、原書房、一九九〇）

呂応鐘『ＵＦＯ五千年』（中国語、日臻出版社、一九九九

七）
呂応鐘「UFO五千年史―中国古書における未確認飛行物体の記録」（中国語、台湾飛碟学会「UFO研究」http://ufo.twup.org/study/index.htm）
張開基著「中国正史におけるUFOアブダクション事件」（中国語、台湾飛碟学会「UFO研究」http://ufo.twup.org/study/index.htm）

がある。これを検証することを通して、**中国古典を読むときの基本的な知識が、意外とUFOの検証にも役立つことを示したい**と思うのである。ちなみに、地方志と言う場合の「志」は、「こころざし」ではなく「しるす・記載する」の意。

さて手始めに、王予・王敏氏の『中国文化故事物語』から読んでみることにしよう。

また清の時代の湖北省松滋県の覃氏の不思議な遭遇は、さらに研究家を驚かせるのに充分であった。「松滋県誌《ママ》」の記載によると、「光緒六年（紀元一八八〇年）陰暦五月八日の朝、西岩嘴の百姓の息子覃氏は、家の奥の森を足に任せて歩いていたところ、前方のぼーっとした霞が異常な光で輝いていた。彼はすばやく近寄って、それに寄りかかった。すると、身体がふわふわとして雲の中に浮かんでいるようになった。耳にサッサッという音がして、ぼんやりとなり、四肢の自由がきかなくなった。しばらくして、突然高いところから落ちたような気がして、まわりを見回すと、そこは、いつのまにか山の中ではないか。なんだか、夢をみているようであったが、しばらくして、道を通りかかったきこりに事情をきかれた。『湖北省の松滋県の者だ』と答えると、きこりは『どうやって、ここまで来たんだい。ここは、君のところから五百キロあまりも離れた貴州省だよ』とびっくりして言った。きこりに帰りの山道を教えてもらって、ようやく家に帰り着いたのは、それから十八日後であった。さて覃氏を移動させたものは一体何だったのだろうか。深い疑問だ」とある。言

うまでもなく、覃氏が出会ったのは、空飛ぶ円盤だろう。（157ページ）

いや、**「言うまでもなく空飛ぶ円盤」と言われても困るんだが、**話の大筋としてはまあこれでよかろう。ただし、こういうものを扱うときのコツは、細部にツッコミを入れながら読むということだ。これが意外に重要なのである。みなさんお気づきだろうか。そう、すばやく近寄って「寄りかかった」というところである。裏山で異常な光を見つけて、いきなりそれに「寄りかかる」やつがいるのかぁ？　普通の人間の行動としては実に不自然だ。

　では他の二人はどう述べているのだろう。呂応鐘氏は『松滋県志』の本文を引用するのみで、特にコメントは加えていない。問題の箇所の引用文は、

> 見叢薄間有一物。光彩異常、五色鮮艶、即往撲之…、
>
> （叢薄間に一物有るを見る。光彩異常にして、五色鮮艶、即ち往きて之を撲ち…）

となっている。ご覧いただきたい。「撲」は打撲の撲。つまり「うつ」だ。要するに近寄って手で叩いてみた、ということである。まあそんなものを手で叩くというだけでも十分向こう見ずだとは思うが、「寄りかかる」よりはるかにマシである。

　一方張開基氏はというと、同じくこの箇所を引用しているのだが、この「撲」の字を「捕」に作って、

> 即往捕之…、
>
> （即ち往きて之を捕らへ…）

としているのである。「捕」、つまり「とらえる」だ。これだと覃さんは、不思議な光を「つかまえた」ことになるわけである。「寄りかかる」よりはあり得る行動だが、もしそうだとすると、この謎の光はかなり小さいもので、手で握れる程度のものだ

ったことになる。ならば、そもそも誘拐されてUFOに乗せられたという話にするのは無理なのではないか……。むしろラピュタの飛行石みたいなものだったのかもしれない。

しかもこの張氏の「中国正史におけるUFOアブダクション事件」という文章には他にも問題が多い。**タイトルに「中国正史における」とあるのに、どこにも正史が出てこないのである。**それがどうも、「地方志」は地方の正式な官吏により記録されたもので、重要事項は中央にも報告され、朝廷の正史にも記録されることがある、よって「地方志」も広い意味では「正史」の範囲に含まれる、という強引な話の展開になっているようなのだ。

「正史」と「地方志」を一緒くたにするのはかなり無理な話なのだが、まあそれはそれとして、ではこの文章が「正史」と「地方志」との両方に触れているのかと思えば、実はこの文章が長々と論じているのは『松滋県志』だけなのである。もちろん『松滋県志』は湖北省松滋県の「地方志」である。ならば、「中国地方志における」と言えばよいことであろう。早い話が、「正史」というのは権威付けのためのただの看板だ、ということだ。

この話に限ったことではないが、UFOを信じている人たちは必ずしも中国古典（漢文）の専門家ではない。中国人だからというだけで漢文がみんな読めるわけではない。彼らも**漢文に関してはしばしばいい加減な間違いを犯している。**彼らの引用や解釈は必ずしも信用できない。そうなると、我々が次にとるべき手段は、この『松滋県志』の原文をチェックすることだ、ということになる。ところが、これがそう簡単ではなかったのである。

UFO関係の資料は単に『松滋県志』と言っているが、実は歴代の松滋県の地方志は、現在確認できるもので、

○康熙刻本『松滋県志』

二十四巻、陳麟・丁楚琮等纂修、康熙三十五年（一六九六）刻乾隆印本

○同治刊本『松滋県志』
十二巻首一巻、呂縉雲修、同治八年（一八六九）刊
○『松滋県志』
十巻、楊伝松修・楊洪纂・熊世玉閲、中華民国二十六年（一九三七）鉛印
○湖北省松滋県志編纂委員会編『松滋県志』一九八六年刊

の四種類が存在するのである。この事件は光緒六年（一八八〇）に起こったとされている。ならば時代からして康熙本と同治本に載っているはずがない。そして中華人民共和国で編纂された地方志にこんな怪談じみた話が載っているとも思えない。可能性のあるのは中華民国本のみである。ところがこの民国本というのが最近までなかなか読むことのできない稀覯《きこう》本だったのである。

ＵＦＯ研究家たちが年代を間違えていた可能性もあると思い、日本の図書館で読むことのできる康熙本・同治本・一九八六年本も念のためすべて見てみたが、やはり該当する話は載っていない。どうしても民国本を見たいとあれこれ探したのだが、なかなか見つからず苦労していた。あちらの図書館や古書ネットオ

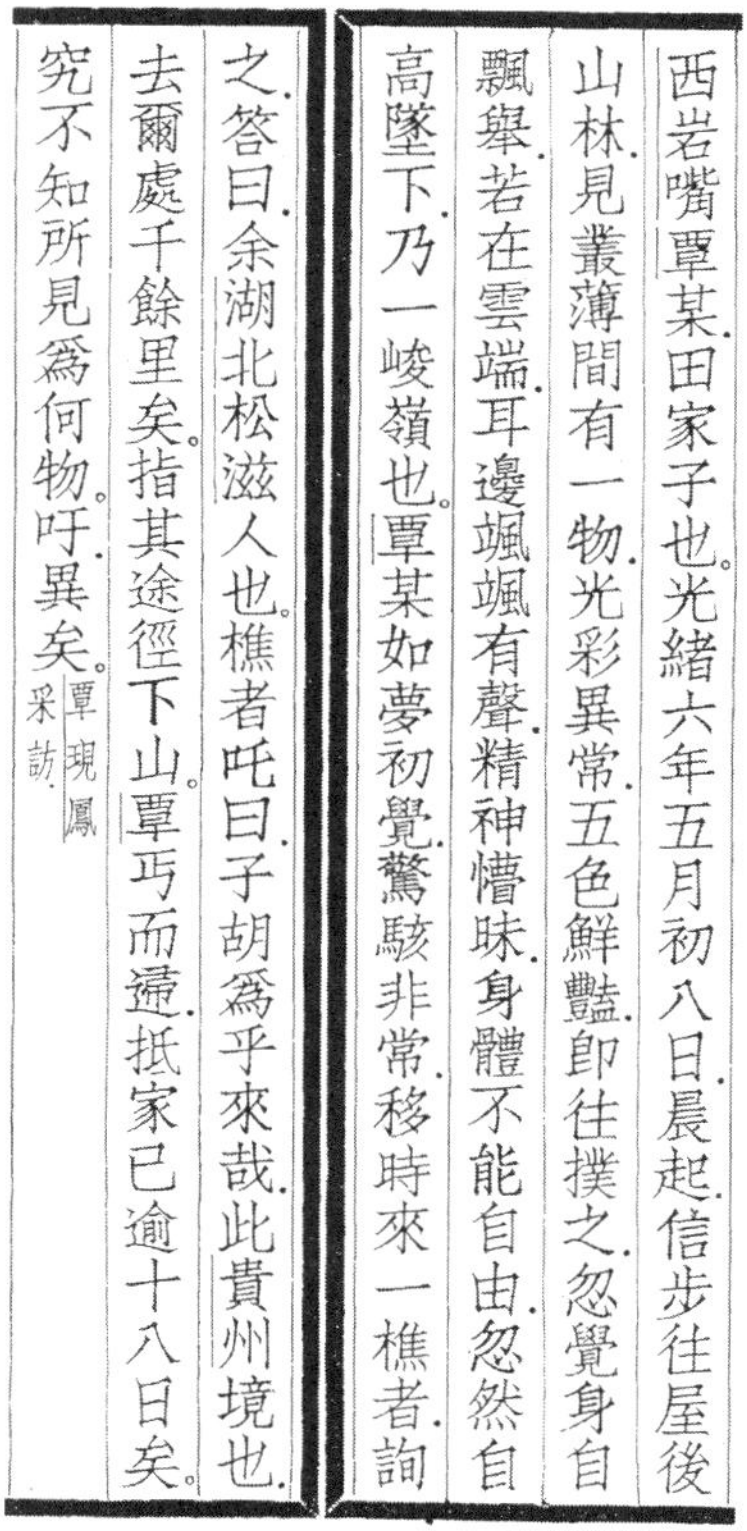
西岩嘴覃某田家子也光緒六年五月初八日晨起信歩往屋後山林見叢薄間有一物光彩異常五色鮮豔即往撲之忽覺身自飄擧若在雲端耳邊颯颯有聲精神懵昧身體不能自由忽然自高墜下乃一峻嶺也覃某如夢初覺驚駭非常移時來一樵者詢之答曰余湖北松滋人也樵者咤曰子胡爲乎來哉此貴州境也去爾處千餘里矣指其途徑下山覃丐而還抵家已逾十八日矣究不知所見爲何物吁異矣覃現鳳采訪

図１『松滋県志』の本文

ークションなどを探した結果、一九八二年に松滋県志編纂委員会辦公室による影印本《えいいん》（複写本）『松滋県志（民国本）』というものが出ていたことは確認できた。中国のUFO研究家たちはこれを見たのだろう。

そうこうしているうちに、二〇〇九年になって『北京師範大学図書館蔵稀見方志叢刊続編』が出版された。この中に民国本の『松滋県志』が収録されていたおかげで、私はやっとこの本の現物を見ることができたのである（図1）。ちなみにこの地方志叢刊、比較的珍しい地方志を三十二種収録した全二十六冊からなる全集で、お値段は三十万円以上する（分売不可）。**古典研究も、UFOの批判的研究も、やはりそれなりに費用はかかるのである（涙）。**

とりあえず身内の話をそのまま書き入れた？

さて早速、問題の箇所の本文をチェックしよう。

民国本『松滋県志』巻九「雑綴《ざってつ》」の「異聞」に次のようにある。

西岩嘴覃某、田家子也。光緒六年五月初八日、晨起、信歩往屋後山林、見叢薄間有一物、光彩異常、五色鮮艶、即往撲之、忽覚身自飄挙、若在雲端、耳辺颯颯有声、精神儚昧、身体不能自由、忽然自高墜下、乃一峻嶺也。覃某如夢初覚、驚駭非常、移時来一樵者、詢之、答曰、余湖北松滋人也。樵者吒曰、子胡為乎来哉。此貴州境也、去爾処千余里矣。指其途径下山。覃丐而帰、抵家已逾十八日矣。究不知所見為何物。吁、異矣。（原文では「儚」と「帰」の字に異体字が使われている）

直訳調で簡単に日本語に訳しておく。

西岩嘴の覃某は、農家の子である。光緒六年五月八日、朝起きて、歩むに任せて家の裏の山林に行くと、草むらの間に一つの物体があるのを見た。光彩は尋常でなく、色あいはあざやかで、行ってこれをたたいてみると、突然自分の体が浮き上がるのを感じた。雲の上にいるようで、耳元ではひゅうひゅうと風の音がする。頭はぼーっとして、体の自由は利かず、突然高いところから落ちた気がすると、そこは高い山の峰であった。覃某はやっと夢が覚めた気がして、非常に驚いた。しばらくすると一人の木こりがやって来て、どうしたのか尋ねた。自分は湖北松滋の者だと答えると、木こりは声を上げて、あなたはどうやって来たのか、ここは貴州の境だ、あなたのところから千里あまりもある、と言う。木こりは山を下る道を指さして教えてくれ、覃は帰って行った。家に着くまでに十八日以上かかった。彼の見たものは何だったのかとうとうわからなかった。ああ、不思議なことだ。

なるほど。問題の場所の原文は「即往撲之」（即ち往きて之を撲つ）となっている。つまり「これをたたいてみると」が正解だったのだ。不思議なものを見たときに人間がとる行動としてあり得るものである。と同時にこのことは、覃さんが目撃したものが手でポンとたたけるくらいの小さなものであって、それに乗ってどこかに飛んでいくほど大きなものではなかったことを思わせるのである。

ただしこの「撲」の字、文語では「うつ、たたく」だが、もしこれが白話（口語）だとすると「飛びかかる」の意もある。中国人の留学生に読んでもらったら、ぱっと読んだところでは「飛びかかる」だと感じたとのこと。ここは難しいところだが、やはり草むらで不思議な光を見ていきなり飛びかかるというのはやや不自然な気がする。それにこの話、いやこの本全体は文語で書かれている。私が文語の「たたく」と解釈したゆえんである。待てよ、王氏が「すばやく近寄って」と訳しておられたのは、もしかしたらこの「撲」を飛びかかると解釈したからなのだろうか。ただその場合も「寄りかかる」がどこから来たのかわからない。また張氏が「捕」と間違ってしまったのは、「撲」（pu）と「捕」（bu）の中国語の発音が近いためかもしれない。

このように、いろんな可能性を考慮しながら細かく見ていくことは、なかなか楽しいのである。いや、問題はこの場所だけにあるのではない。私があれこれ手を尽くしてこの本の現物を見たいと思ったのは、本文をチェックしたかったというだけではない。**こういう場合の鉄則、その場所だけを見るな、その前後、そしてその本全体を見よ、である。**

すでに触れたが、この文章が掲載されているのは巻九「雑綴」の「異聞」の項である。「異聞」とは不思議な話、という意味だから、ある意味ここにこういう話が載っているのは当然のことなのである。が、念のためいくつか確認しておこう。

まず、ここにこんな怪談じみた話が載っていることを、あまり大袈裟に考えない方がよいということ。つまり、正式な地方志がいい加減な話を載せているはずがない、わざわざ掲載しているのはよほどのことだったんだろう、とは必ずしも言えないのだ。沿革・地勢・産業・人物などに並んで、その土地にまつわる様々なエピソードを掲載するのは、ある意味古典的形式の地方志のパターンなのである。そこには当然、不思議な話や民話・伝説も含まれる。

次に、この「異聞」に掲載されているエピソードの典拠である。各エピソードの末尾にはその話がどこから来たかという典拠が注記されていて、その項目のみ抜き出すと、次のようになる。

1、『南史』 2、『談藪』 3、『録異記』 4、『夢渓筆談』 5、『酉陽雑俎』 6、覃現鳳采訪 7、裴指南采訪

この6番が、今取り上げている覃さんのエピソードだ。ご覧の通り「異聞」に掲載されている話は七つ。決して多くはない。そしてそのうちの五つまでが、有名な古典の書籍に載っている話で、残る二つはこの本の編集担当者の「采訪」である点にご注意願いたい。采訪というのは「取材する」「探訪する」

ということだ（図2）。

地方志のパターン通り、この地方にまつわる不思議な話を古典の書籍から探してきて載せた。たぶん古典に詳しい人が編集者にいたんだろう。しかし、古典からの引用ばかりでは寂しい。何か現代の不思議な話も載せておきたいということになった。そこで近年起こった不思議な話を取材してきて載せた、と、こんなことが考えられるのである。

さてここでみなさん、お気づきだろうか。この采訪者の名前である。「覃現鳳」さん。そしてこのエピソードで宇宙人に誘拐されたのも「覃某」だった。つまり同姓なのである。田舎で同姓。親戚か何かであった可能性も高い。つまりこれは、組織的に

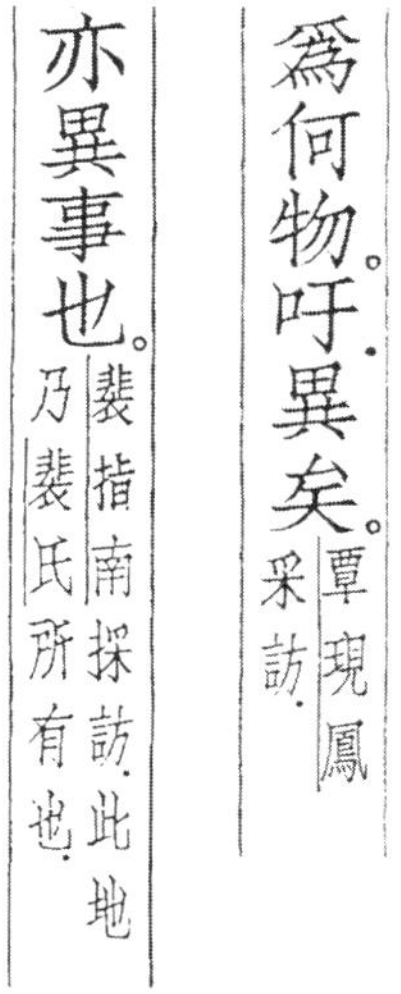
爲何物。吁異矣。覃現鳳采訪
亦異事也。裴指南採訪此地乃裴氏所有也

図2　どちらも采訪者の名前が記されている。

広く取材・調査して得られた情報から選んだのではなく、**単に親戚から聞いた話を載せただけ**、という事情が想像できるのである。

この推測を助けるのはもう一つの采訪によるエピソードである。裴指南さん采訪の7番のエピソードだ。これは、

求雨岡の北の廟嘴山の麓にある泉に橈《じょう》（船を漕ぐ櫂《かい》）が流れ出てきた。そこには四川と書いてあった。この泉は四川省に通じているらしい。大干魃《かんばつ》があった年にもこの泉にはこんこんと水が湧き、人々に水を供した。不思議なことだ。


という話で、そこには「裴指南採訪。此地乃裴氏所有也」（裴指南採訪す。此の地は乃《すなは》ち裴氏の所有なり）と注記してあるのである。つまりこれも、采訪者自身の家の所有地の話なのであり、身内から提供された内輪の話だったということなのである。

このことを考え合わせれば、これらの話が**何だか**

とたんにショボく見えてくる。摩訶不思議な超常現象、と言うよりは、編集の過程で現在の話もいくつか入れねばならないということになって、とりあえず身近なところで編集者自身の身内の与太話をそのまま書き入れた、というのが意外と実情なのではなかろうか。少なくとも、組織的にくまなく取材して収集された話にはとても見えない。

この事件が起こったのが光緒六年（一八八〇）。そして『松滋県志』の刊行は民国二十六年（一九三七）。ただしこれは資金不足などのために遅れた結果であり、民国十八年（一九二九）には基本的に編集は一度終了していたことが知られている。すると、事件から出版までのタイムラグは五十年ほどということになる。覃さんが伝えた覃さんの話は、親か祖父の世代の話だと言ってよかろう。「覃某」と本名をぼかしているのも、身近な人だったからかもしれない。先ほど挙げた王氏はこのエピソードについて**「言うまでもなく、覃氏が出会ったのは、空飛ぶ円盤だろう」**と書いておられた。いや、「言うまでもなく」と言えるのは、既存のＵＦＯ都市伝説をそのままなぞっているからなのであって、この話にはもっと別の見方が可能なのである。

今後もいろいろな角度から中国ＵＦＯウォッチングを続けていきたいと考えている。そこから意外と、中国人の物の考え方の裏にある何かが見えてくるかもしれないと思ったりするのである。

それにしても朝の散歩中だったこの覃さん、家に帰るまでの十八日間の路銀は、いったいどうしたのでしょうね……。

column

中国オタク事情 日本の作品の受け入れられ方編

百元 籠羊

本稿では中国に日本のオタク系のコンテンツが入ったルートにどのようなものがあるか、その流れの中でどのような作品が人気となったか等を紹介させていただこうかと思います。

日本のコンテンツが中国に入っていくルートに関しては時代ごとにかなり大きな違いがあり、日本よりも随分と急な変化が起こっています。しかし中国では地方ごとに発展の度合いやメディアの影響といったものが異なりますし、変化の起こった時期に関してハッキリと区切るのは難しいところがありますので、時期的な所に関しては大雑把になってしまうのをご容赦ください。

さて、中国に日本のコンテンツが入るルートですが、大まかに区切った場合、

・テレビを通じて入った時代
・テレビと海賊版を通じて入った時代
・ネットの非正規データとテレビを通じて入った時代
・動画サイトの正規配信とネットの非正規データの時代

といったものになるかと思われます。

中国のオタク界隈で最も影響力の大きい日本のコンテンツは常にアニメなので、アニメの入るルートが変化すると現地のオタクコンテンツの傾向にも大きな変化が現れます。

また長い目で見た場合、漫画やゲームに関しては日本と比べて影響がかなり小さくなっています。漫画は出版物ということで海賊版であってもそれなりのコストがかかることから、海賊版出版が活発だった一時期を除くと、主流にはなっていません。そしてゲームはソフトが海賊版や違法ダウンロードにより極めて低いコストで手に入るとはいえ、中国語化されているケースは少ないですし、ハードにお金がかかるので広まり方、影響力に関してはアニメに及びません。さらに近年はライトノベルの存在感が強まっています。

では以下に順を追って紹介させていただこうかと思います。

テレビを通じて入った時代

まず「テレビを通じて入った時代」ですが、これはオタク系のコンテンツの入るルートが基本的にテレビしかなかった時期の話で、大雑把に区切ると80年代から90年代前半頃までの話になるかと思われます。この当時は中国でテレビ放映が広まり、中国の各地方にテレビ局が開設されていった時期でもありますが、テレビ局とチャンネルの増加に伴い、コンテンツ不足にも悩まされていたそうです。そんな中、中国国外で制作されたアニメは主に若年層を対象とした視聴率を稼げるコンテンツとして重宝され、作品によっては全国各地で繰り返し再放送されることも珍しくなかったという話です。そしてその中で日本のアニメも広まっていきました。

しかし入っていくルートの関係上、中国のテレビで放映される日本のアニメ作品のラインナップに関してはどうしても限られたものになってしまいます。この時期に中国で人気になった日本のアニメ作品、オタク系コンテンツに関しては作品のおもしろさに加えて、コンテンツの不足していた時期にたまたま中国に入ることのできた作品だったからというのも理由として大きいそうです。

テレビで放映されるアニメの影響が強い時期に中国で人気になった日本のオタク系コンテンツに関しては、同時期の日本とは異なる部分が多いという傾向があり、特に80年代から90年代前半にかけての時期はその違いが顕著なのですが、その主な理由として当時中国に入った作品が限定的だったという事情があるそうです。当時の中国では日本のアニメや特撮といったコンテンツに希少価値があった時代でもあるので、中国に入り広い範囲で放映された作品は、どれもそれなりの人気になったようです。

中国に最初に入った日本のアニメは80年から放映された白黒版の『鉄腕アトム』だとされており、他にも『一休さん』や『海のトリトン』等がこの時期における知名度の高い作品となっていますが、中国のオタク的に有名な作品としては『恐竜戦隊コセイドン』等もあります。『コセイドン』は中国のテレビに最初に入った日本の特撮テレビ番組といわれており、90年代に中国で『ウルトラマン』が人気になる以前は日本の特撮番組のイメージとして真っ先に来るのは『コセイドン』だったそうですし、現在も特撮の聖典的な扱いをされています。

また、この時期には日本のアニメ作品がアメリカで編集合体されたものが中国に入って人気になり、その後の中国のオタク界隈における人気の傾向に影響を与えたというケースもあります。こちらの方で中国のオタク的に有名な作品には『超時空要塞マクロス』と『超時空騎団サザンクロス』と『機甲創世記モスピーダ』を編集合体させたアメリカのハーモニーゴールド社の『Robotech』があります。『Robotech』は主に90年代前半頃に放映されていたそうですが、当時の中国における人気はすさまじく、この作品の影響により中国では最近までロボット系アニメ作品に関してはマクロスの方がガンダムより人気が高いといった状態になっていました。

しかしアメリカで編集合体させて実質的に別作品にしてしまった影響により、日本でその後作られた『マクロス』の続編との整合性等に関して中国のファンの間では一時期かなり混乱があったそうです。

テレビと海賊版を通じて入った時代

次に「テレビと海賊版を通じて入った時代」ですが、これは90年代半ば頃から00年代前半辺りまでの時期になります。中国で海賊版の勢いが最も強かったのはこの時期でしょうか。

中国で海賊版が流行するようになったのはＶＣＤの登場によりディスクメディアの海賊版が広まるようになってからです。ＭＰＥＧ‐１の映像圧縮技術を使い、デジタル形式で動画を記録したＶＣＤはそれ以前のメディアに比べて複製と流通が簡単になったことに加えて、メディアのコストが下がったのが非常に大きかったという話です。

また、その後デジタルデータに押し流されてしまうのですが、この時期は日本の漫画の海賊版もかなり活発に流通していたようです。漫画に関してはその当時の日本の人気作品をそのまま持ってきているケースや、香港や台湾で翻訳出版された作品（と、その海賊版）が入ってくるケースがあり、人気作品に関する日本とのタイムラグはアニメと比べてかなり小さかったそうです。それに加えてプレイステーションやセガサターン及びその後継機といった、ディスクメディアのゲーム機も中国に広まり（もちろんソフトは基本的に海賊版でしたが……）、日本のオタク系コンテンツに関して「アニメ」「漫画」「ゲーム」のイメージが固まりました。

中国ではオタク系のコンテンツの総称としてアニメ・コミック・ゲームの頭文字からとった「ＡＣＧ」という言葉が使われることもあるのですが、この言葉に関するイメージはこの頃に作られたそうです。

この時期になると、アニメ作品に関しても海賊版を通じて日本の様々な作品が中国に入ってくるようになっていきますが、それでも影響力という点では

『恐竜戦隊コセイドン』VCD のジャケット

『Robotech』DVD（Harmony Gold USA, Inc.）のジャケット

中国のテレビで放映された作品にはまだ敵わなかったようです。いくら海賊版で日本に比べて格段に安い値段で手に入るとはいえ、当時の現地の青少年の懐《ふところ》具合からすれば安い出費ではありません。海賊版のアニメソフトはディスク一枚いくらという値段計算になるので、長い作品の場合、現地の金銭感覚ではちょっとした金額になってしまいます。

特にテレビシリーズの長編作品となるとディスクの枚数も増えますから、テレビ放映された長編作品に関しては海賊版で入っていてもあまり広まらなかったそうです。またそれとは逆に少ない枚数で内容の濃いものを見ることができるということで中編のOVA（オリジナル・ビデオ・アニメーション）系の作品が人気になったりしていたそうです。

こういった背景があるので、いくらこの時期に海賊版で様々な作品が入るようになったとはいっても、日本のアニメ、特にテレビシリーズの長さの作品の場合は、まだ「テレビで放映されたかどうか」というのが大きな要素でした。

たとえば90年代には『聖闘士星矢』『北斗の拳』『SLAM DUNK』『美少女戦士セーラームーン』といった日本でも大人気の定番作品が中国で大人気になっていくのと同時に、『天空戦記シュラト』や『宇宙の騎士テッカマンブレード』といった日本ではややマイナーだったりマニアックな扱いだったりする作品が中国のテレビで放映されて大人気になったりもしています。

また他にも、『新世紀エヴァンゲリオン』は現在も中国のオタク層の間で極めて人気の高い作品ですが、中国で人気が爆発したのは99年から00年にかけて中国のテレビで放映されたのがきっかけでした。

中国のオタク界隈のタブーに関するコラムの方でも触れましたが、このときに中国のテレビで放映された『エヴァ』はカットや修正改変された箇所も少なくなかったうえに、中国語の吹き替えもイマイチだったそうです。しかし当時見ていた人の話によれば、「それでも中国のテレビで放映してくれた、当時の中国のテレビできちんと『エヴァ』を見ることができたというだけで十分にありがたかった」そうです。

ちなみにこの当時はまだテレビ放映に関して現在の中国のテレビの管理と比べてかなりゆるい所があり、地方の局が独自判断で番組を調達したりもしていたそうですし、視聴率アップのためにイロイロなことが行われていたそうです。そんな中でアニメは子供の視聴者を掴める視聴率稼ぎに関して非常に使い勝手の良いコンテンツとされていたことから、なんだかよくわからないルートで入ったらしい日本のアニメ番組が放映されていたそうですし、地方局ではこういった傾向が特に顕著だったという話です。

それに加えて香港、台湾のテレビを一部の地域では直接、その他の地域でも場所によっては個人用の衛星アンテナで受信して見ることができたので、そのチャンネルでアニメを見ていた人もいたそうです。この香港、台湾のテレビを見ることができる状況は80年代末から90年代半ばまで続いたそうなのですが、98年頃から管理が厳しくなり手軽に見ることはできなくなってしまったとのことです。しかしこのチャンネルで放映されていた日本のアニメ作品が中国のテレビで見ることができたというのは当時の中国の子供にとってはかなり大きかったそうで、地方にもよりますが香港のテレビから作品が入り、人気になる、あるいは思い出の作品になるといったケースもあったそうです。

このルートでは大陸側では放映されていなかったはずの意外な作品、たとえば『新・巨人の星』『宇宙海賊キャプテンハーロック』『SF西遊記スタージンガー』『魔女っ子メグちゃん』『ふしぎ遊戯』『機動武闘伝Gガンダム』等が入ったりもしています。以前中国のオタクな人からこの当時の香港や台湾系のチャンネルで見たテレビアニメの思い出話を聞いたことがあるのですが、その中で出てきた、

「当時テレビで見た『タイガーマスク』のアニメは衝撃的だったよ」

という発言は私にとっても非常に衝撃的でした。

ネットの非正規データとテレビを通じて入った時代

そして、「ネットに流れる非正規のデータとテレビを通じて入った時代」となります。この時期は「ファンサブ活動の時代」「字幕組による時代」と言うこともできます。中国におけるファンサブ活動というのは簡単に言えば「ファンがアニメに翻訳字幕を付けてネットに勝手にアップしてしまう」活動で、中国ではそのファンサブ字幕の加工をしてネットにアップするグループのことを「字幕組」と呼んでいます。

この中国語ファンサブ字幕付きのアニメの登場は「多くの種類の日本の新作アニメをすぐに見ることができる」「海賊版業者のやっつけ翻訳やテレビ放

映の作品を理解していない微妙な翻訳や吹き替えではなく、オタクの知識を持った人間によるきちんとした翻訳で見ることができる」といったこと等から大歓迎されたそうです。また、この字幕組の活動によってネットにアップされるデータは基本的にタダでしかも海賊版に比べて質が良いということから、それまでどうやっても消えなかった中国におけるアニメの海賊版が駆逐《くちく》されていきました。

さらにこの時期になると、中国では国産アニメの保護政策等から日本のアニメも含む海外で制作されたアニメをゴールデンタイムに放映するのが禁止される等、中国のテレビで日本のアニメが放映される機会が激減していきます。このような状況の下で日本のオタク系コンテンツはネットを中心にして広まり、楽しまれるようになっていきます。またネット経由で最新の情報やコンテンツが大量に入るようになったことから、細かい所で好みの違いは出るものの、中国で人気になる作品に関しては日本とそれほど変わらないものになっていきました。

アニメのファンサブ活動に関しては中国に限らず世界中にある話ですが、中国におけるファンサブ活動、「字幕組の活動」が活発になってきたのは00年代半ば頃からだとされています。ファンサブ活動を行ううえでは「アニメのデータ」「翻訳とデータを加工する人間とツール、環境」「ファンサブ作品を拡散するルート」が必要となりますが、それが中国で整ってきたのが00年代半ばになります。当時の中国はちょうどブロードバンドが普及していった時期ですし、WinnyやShare、BitTorrentなどのP2Pファイル共有ソフトを使えば日本の最新アニメのデータが手に入るようになっていった時期でした。

この時期は字幕組の活動により日本の最新のオタク系コンテンツが広がり、字幕組の活動を中心として現地のオタク系のコミュニティや交流網も構築されていきました。00年代の後半に字幕組により加工されて拡散された中国語字幕付きアニメの影響は非常に大きなもので、コンテンツだけでなく作品に関する知識や日本のオタク系のコンテンツの「楽しみ方」等のオタク文化的なものも拡散されました。当時は中国のオタク層が急速に形成されていき、さらに作品の情報だけでなく作品の楽しみ方、感想や思い出の共有の仕方も一気に日本に近づいていきた覚えがあります。

また中には字幕組によりファンサブ加工され広まった作品が大人気になり、その後の中国のネット文化に影響を与えたケースもあります。その代表的な例が『ギャグマンガ日和』で、この作品のファンサブ字幕版は中国の方言やスラングも活用して「超訳」され字幕の内容も含めて大ウケしました。この「字幕組版ギャグマンガ日和」はその後の中国のネット界隈におけるギャグセンスに影響を与えましたし、このファンサブ翻訳で使われたことにより中国のネットで流行し定着してしまった言葉も少なくありません。

この当時は中国で「オタク」という存在が強く意識され、アニメや漫画等のオタク系コンテンツが自分たちの世代の文化だと自負するようになっていった時期でもあるのですが、その根底には字幕組のファンサブ活動がありました。この字幕組の活動に関しては著作権もそうですし、作品に対するファンとしての態度といったこと等に関してもイロイロと問題があります。しかし、ファンサブ活動が中国のオタクの様々な面を形作ったのは確かですし、現在も字幕組の存在とファンサブ活動は中国のオタク層のアイデンティティの一つとなっているそうです。

ちなみに、中国におけるこの字幕組の活動ですが、作る側も受け取る側も当初は「悪いことだとはまったく考えていなかった」らしいです。当時ファンサブに関わっていた中国のオタクな人々の話によれば、「作品の宣伝になるからファンとして正しいことをしている」等といった考えのもとに行われていたそうで……。

実は中国はそれまで海賊版が蔓延《まんえん》しオリジナルの正規コンテンツがほとんどない状況にあったことから、「海賊版や違法アップロードコンテンツが悪いことだと思われていなかった」という事情があります。字幕組の活動に関わった人間もそれをネットで拡散する人間も、当初はそれが悪いことだとは思っておらず、「ファンとしての活動の一つ」と考えていたそうですし、字幕作成が日本語能力を含めた自分の能力のアピールにつながる等とも考えられていたそうです。実際、当時の中国ではコンテンツに関わる業務も行う日系企業への就職活動において、「日本のアニメに中国語字幕をつけてネットにアップして非常に評価されていました！」

とぶち上げる人もおり、日本人の採用担当者の方があっけにとられたなんて話もありました。

最近は中国でも著作権が関わる事例が増え、コンテンツの版権獲得合戦も行われるようになってきていますから、中国のオタク界隈でもさすがにその辺りについての認識は広がっていますし、字幕組の活動が問題のある行為だと認識されるようにもなってきています。しかし、字幕組の活動は中国のオタク層の根幹に関わっている活動でもあり、現在の中国のマニア層やオタク業界にいる人間も多かれ少なかれそれに関わりながら自分をオタクとして形作ってきた過去があるので、すべてをバッサリ否定されるのは素直に納得できない気持ちもあるそうです。私の出会った中国のオタクの人の中には、

「正規版が中国に来る、手に入りやすくなるのはうれしいし歓迎する。しかし正規版と対比させて字幕組のことすべてを悪だと切り捨てるのは勘弁してほしい」

といった発言をする方もいました。

動画サイトの正規配信とネットの非正規データの時代

最後に、現在の状況でもある「動画サイトの正規配信とネットに流れる非正規のデータの時代」についてまとめさせていただきます。

2010年代に入ると中国のネット環境がさらに整備されていき、それに伴い中国における主なアニメの視聴スタイルもP2PあるいはP2SPによるファイル共有とダウンロードによるものから、より

簡単にアニメが視聴できる中国の動画サイトでのものに移っていきました。それに加えていわゆるニコニコ動画的な、動画にコメントをかぶせることによる疑似同期的な視聴のスタイルと「コメント弾幕」により作品にツッコミを入れつつ楽しむスタイルも広まっていきました。

またネット以外ではライトノベル（中国語では「軽小説」）が中国のオタク界隈で存在感を増していきます。これは日本のアニメにライトノベル原作のアニメが目立つようになったことや、中国現地で日本のライトノベルの簡体字版が正規に出版されるようになったこと等も影響しています。

そして２０１２年からは中国の動画サイトにおける日本のアニメの正規配信が急増していくことになります。

２０１２年に中国で大規模な反日暴動が起こったのは記憶に新しいかと思いますが、当然ながらそれは中国のオタク界隈にも大きな影響をもたらしました。２００９年頃から中国では日本の声優を招いてのイベント等が開催されるようになり、日本側も関わるオタク系イベントの開催の流れが加速していき、２０１２年には上海でAnimelo Summer Liveを開催しようとするところまで拡大していました。しかし暴動が起こり、アニサマ上海の開催は未定となり、当時開催が予定されていた他の声優イベントや現地の同人イベント等も中止あるいは延期になる等、非常に厳しい状況となってしまいました。

ですがその陰では中国の動画サイトにおける日本のアニメの公式配信が急速に拡大しており、その流れのまま２０１３年は中国の動画サイトにおける日本のアニメ公式配信拡大の年となりました。中国の動画サイトにおける日本のアニメの公式配信の動き自体はそれ以前からあったのですが、本格的な拡大は暴動の時期以降になります。

ただこれは日本のコンテンツホルダーから版権を取得している公式配信であっても、現地の制度的に難しい部分も存在します。これはアニメに限らない話ですが、現在中国の動画サイトで正規配信されている海外系の作品は中国国外での放映からほぼ間をおかずに配信されています。しかしこれが可能なのは、過去に中国に入ったコンテンツが通ったテレビや映画とは別のルートとなっているからです。同じ映像メディアではありますが、中国ではテレビ放映とネット配信は政府機関の管轄《かんかつ》範囲や管理体制等が異なる部分も多く、実質的に別モノ扱いとなっています。

　現在、中国の動画サイトで公式配信されている海外コンテンツの多くは、従来の中国におけるテレビ放映や映画上映等で必要となる輸入審査と検閲等の手続きを経ているわけではなく、動画サイトの運営許可書を取得した現地動画サイトの自主裁量に任されている、言ってしまえばグレーゾーンな状態です。これは中国の各政府機関のネットに関する管轄争いの末に生まれた不安定なものでもありますから、今後どのような形になっていくのかはわかりませんし、規制が強化される可能性も十分に考えられます。現に２０１４年になってからは政府の「掃黄打非」（ポルノ・違法出版物取り締まり）キャンペーンにより動画サイトに圧力がかかる等、雲行きが怪しくなっています。これまでの中国におけるコンテンツの扱いや、管理強化の流れから考えると、中国のネットにおける動画サイトのグレーゾーンが「白」になる可能性はありません。そして白になる可能性がない以上、いずれ今のようなやり方ができなくなる時が来るのではないかと思われます。もちろん現時点ではそれが縮小なのか完全に消滅なのか、それとも別のやり方に転じていくのかはわかりませんが。

　しかし現在中国の動画サイトにおいて、日本のオタク系コンテンツがアクセス数を稼ぐうえで使い勝手の良いコンテンツとされているのは間違いありません。２０１３年以降、中国の大手動画サイト間ではシーズンごとにアニメ新番組の版権獲得合戦が起こっています。さらに２０１４年の2月には中国のオタク層向けの日本の声優番組が現地主導で制作、配信されるという状況にまで発展しています。

そして最近では日本のオタク系コンテンツの影響を受けたクリエイターにより作られた現地向けの作品、言わば「中国のオタクによる中国のオタクのための作品」というものも出現しています。たとえば２０１４年３月に発売された中国国産ギャルゲーの『虹色旋律』は過去に中国で発売され人気となった『Memories Off』シリーズの影響があるそうですし、先述の『ギャグマンガ日和』のノリやネタの影響が見て取れる中国の国産作品『十万个冷笑話』（２０１２年）は現在中国のオタク界隈で最も話題になっている作品の一つです。特に『十万个冷笑話』の人気は凄まじく、ｗｅｂ連載から始まった原作漫画とｗｅｂで配信されているアニメが大人気となっています。

中国のオタク界隈で最も話題になっている作品の一つ、『十万个冷笑話』書籍（有妖気）の表紙

それから公式ルート、商業ルート以外を通じて入る日本のオタク系コンテンツの種類や量、情報も随分と増えてきています。ここしばらくの間で中国のオタク界隈への影響が特に大きいとされているのはイラスト投稿系ＳＮＳのPixivで、ここを通じて日本のオタク界隈における人気の傾向に関する情報が入ったり日本の人気作品の二次創作等が入ったりしていますし、日本のオタク界隈に直接アクセスできるということでPixiv上で創作活動を行う人も珍しくありません。

　また Pixiv や同人創作活動等の少々変則的なルートで人気が拡散する作品も出ており、『ヘタリア』や『東方 Project』、最近では『艦これ』等、中国の文化や社会的に難しいというかイロイロな面で「大丈夫なのか？」と不安になるような作品が結構な勢いで人気になっていく等、オタク的に非常に興味深いことも起こっています。

第3章

「もう12歳なんて言わせない！」

一人前の国家になりたくて背伸びを続ける国・日本編

今何がトレンドなのかがわかる霊言ラインアップ

『温家宝守護霊が語る大中華帝国の野望』〔同時収録・金正恩守護霊インタヴュー〕（大川隆法）
『北朝鮮終わりの始まり　霊的真実の衝撃』（大川隆法）
『守護霊インタビュー　金正恩の本心直撃！』（大川隆法）

「北朝鮮では人一人死んだぐらい、どうってことないんだよ」

「今、世の中で何がトレンドなのか、ここを見れば即座にわかる！」

それが「幸福の科学出版」ホームページ、大川隆法幸福の科学グループ総裁（以下、大川総裁）の霊言ラインアップであると言えましょう。下手な週刊誌より、ニュースサイトより仕事が早いです。

サッチャー元首相やスティーブ・ジョブズ、など有名人が亡くなればすぐに呼ばれるのはもちろん、

発行・幸福実現党
発売・幸福の科学出版株式会社
2010年
本体1500円＋税

発行・幸福実現党
発売・幸福の科学出版株式会社
2012年
本体1300円＋税

発行・幸福実現党
発売・幸福の科学出版株式会社
2013年
本体1400円＋税

ＡＫＢ48やキムタクや堺雅人や岡田准一や栗山千明や本田圭佑の守護霊まで事務所を通さずに呼べるのは世界中でも「高度な悟りを開いた」（幸福の科学ＨＰより）大川総裁だけでしょう。

最近ではＳＴＡＰ細胞騒ぎの渦中にあった小保方《おぼかた》晴子さんの守護霊を呼んで「ガリレオの生まれ変わり」と持ち上げるだけでなく、理研の野依《のより》良治理事長の守護霊まで呼び出して「小保方のＳＴＡＰ細胞を認めたら理研の『利権』が崩れるじゃないか！」と本音を語らせる心配りの細かささえ見せてくださいました。また総裁自ら両腕に時計をはめて本田圭佑選手の守護霊を呼び出し、ユニフォームを着た教団の幹部さんたちにインタビューさせて応援したのも記憶に新しいところです（理研と小保方氏とサムライジャパンと本田選手の現状は、今皆様ご存じの通りです）。

何しろ「世界最大の霊能者に呼べない霊はない」（『温家宝守護霊が語る大中華帝国の野望』・以下『温』17ページ）そうですから！

多くの本書読者様はすでにご存じでしょうが、初めての方のためにＱ＆Ａを（質問は評者）。

1．「霊言」って何？

「霊言《れいげん》現象」とは、あの世の霊存在の言葉を語り下ろす現象のことをいう、これは高度な悟りを開いた者に特有のものであり、「霊媒現象」（トランス状態になって意識を失い、霊が一方的にしゃべる現象）とは異なる。（『守護霊インタビュー　金正恩の本心直撃！』・以下『金』14ページより）

2．どうして生きている人の「霊言」が出せるの？

人間の魂は原則として六人のグループからなり、あの世に残っている「魂の兄弟」の一人が守護霊を務めている。（中略）したがって、「守護霊の霊言」とは、いわば本人の潜在意識にアクセスしたものであり、その内容は、その人が潜在意識で考えていること（本心）と考えてよい。（同右）

なるほど、あの世に残っている魂の一部（6分の

1）を呼び出すから現世に生きている人（6分の1）の本音が聞き出せるそうです。**今これを読んでいるあなたも私も6分の1！**

3．外国の人がどうして日本語で話すの？

「アイ・アム・ジーザス・クライスト！」と英語で絶叫なさるイエス・キリストの霊言のような例もございますが、たいていの外国人の霊は大川総裁のお体を借りると日本語で話されます。
「意識の次元が高い人であれば、この人の想念を私が汲み取って、同時通訳風に翻訳することは可能」（『温』17ページ）で、もし翻訳できない場合でも幸福の科学指導霊団に通訳に入ってもらうそうです。さすがの総裁先生でも「中国語での霊言は私もできない」（同右）そうです。**ウンモ星人語での霊言はおできになるようですが。**

では早速『温家宝守護霊が語る大中華帝国の野望』175ページから掲載されている「金正恩守護霊インタヴュー」を繙《ひもと》きます。この霊言が出されたのは2010年10月13日。前年の2009年には「幸福実現党」立党、選挙に大々的に立候補するも全員落選、政権は民主党に移りました。
当時、金正日総書記は存命で、金正恩は9月に後継者として公に姿を現したばかりです。この時期は大川総裁が存命人物の守護霊の霊言をおろすという画期的なことをなさり始めた頃です（このあたりの経緯は『タブーすぎるトンデモ本の世界』サイゾー刊の拙稿をご覧いただければ幸いです）。

> ジャーナリスティックに見たら、「生きている人の守護霊を呼び、その本心に迫る」というのは非常に画期的なことであり、私が新聞社の社長であれば、「温家宝の本心に迫れるのなら、ぜひお願いします」と、やはり言うでしょう。（『温』15ページ）

霊言は「ジャーナリスティックに見ても、まさしく正しいアプローチ」（14ページ）だと堂々宣言。「今回、私が、日本の国家戦略室や防衛省に成り代わり、〝先兵〟となって、彼の霊査に入りたいと思います。これは、一種の〝サイバー攻撃〟に当たるのでしょうか」（178ページ）と頼もしいお言葉。サイバーというよりサイキックですね。

で。第一声。

金正恩守護霊　ん？　ん？　ん？

松島（評者注・幸福実現党幹事長・松島弘典氏）金正恩氏の守護霊でしょうか。

金正恩守護霊　ん？（181ページ）

……明治天皇のように「明治です」とかわかりやすい名乗りではないようです。その後「お名前は？」と聞かれてやっと「正恩」。「正恩氏ですか？」「うん、正恩、正恩」（182ページ）**このやりとりだけで1ページ分。**

金正恩守護霊　ああ、君らは、ほ、ほ、ほめるために来てくれたのか。（中略）ありがとう。（中略）何？　君たち、なあに？

松島　幸福実現党の松島と申します。

金正恩守護霊様、意外にかわいらしい登場です（この後212ページでまた「君、手ごわいね。何をしている人？」「幸福実現党の松島と申します」というやりとりがあります。意外と忘れっぽい面もあるようです）。

拝読を続けます。言葉づかいが丁寧とはいえないのは大川先生の口を借りたる霊には珍しくないのですが、呼ばれ慣れていないせいでしょうか。どうもキャラクターが安定していません。

まず一人称。188ページで松島氏のバッジに「僕も、そういうものを集めるのは好きなんだ」と興味を示すも「拉致被害者を救う会」のバッジの意味を説明されてむくれる金正恩守護霊様。これも何だかカワイイ。

すぐ後の190ページには、

「私をばかにしてはいけない。私は、外国に留学したことがある国際人なんだからね（後略）」「何年ぐらい留学されたんですか」「何年したかね？　まあ、何年か、いたね」というやりとりが。

松島さん、ウィキペディアぐらい用意……いえすみません、やはり金正恩守護霊様は忘れっぽいようです。

197ページでは、「銀行のある所にはミサイルは撃たない」という「金正日の霊言」を聞いて「わしは考えたことないな、そんなことは」……**27歳で「わし」**。さすがの風格です。

気になったので、一人称をざっと数えてみました（数え漏れがあったらすみません）。「僕」8回、「私」30回、「わし」3回。「僕」は比較的前半、「わし」は後半に出てきます。

一人称だけなら「キャラクター作成中」ですみますが、金正恩守護霊様、お父様のことを最初は185ページで「父さん、病気になっちゃったからね」と子どもらしく心配した後、186ページではいきなり「親父」、210ページでは「あれ」です。儒教の国ですよ。肉親とはいえ偉大なる将軍様ですよ。

お兄様の金正男氏さえ日本のジャーナリストとのメールの中でお父様のことを呼ぶときには常に「父上（プチン）」という最上級の敬語を使っていたそうです。お兄様方に対しても金正恩守護霊は「上に長男も次男もいるけども、私がいちばん〝能力〟があるからね。『選ばれた』っちゅうことは、順当なんじゃないかな」（186ページ）と。守護霊様、どの視点から言ってるんですか？　せめて「兄たち」と言えませんか？

自国のことは「うち」（191ページ）。

金正恩守護霊　いちおう、うちも民主主義の国だけど？「朝鮮民主主義人民共和国」だから、民主主義だと思うよ。民衆は本当に平等に暮らしてるよ。貧しくな。

松島　そうですね、貧しさにつきましても……。

金正恩守護霊　それについては、日本に全責任があるんじゃないか。(中略) 日本が、戦前から戦時中にかけて、さんざん悪いことを三十五年もやったので、北朝鮮はこんなに貧しくなったらしいな。(191ページ)

金正恩守護霊様が「北朝鮮」!!　**朝鮮が二分されていることを認めてしまわれた!**　かの国の国民なら「朝鮮」または「共和国」という表現を使わなければならぬはずです。しかも「貧しい」などと次期指導者が認めてしまわれた!(この霊言インタビューのときはまだ最高指導者になっていませんでしたので、「次期」指導者です)

人民は将軍様の慈愛のもと幸せに暮らしているのではないのですか?　少なくとも朝鮮の公式報道ではそうなっているはずでは……。

次ページにさらなるタブーが!

―金正恩守護霊　いや、日本のことなんか、知らないけどさ。

日本に、(中略) 北朝鮮の富をいっぱい持っていかれたしさ。そして、戦後は、アメリカと一緒になって介入し、韓国ばっかり援助して(後略)。

か、「韓国」!　「共和国」人民が決して口にしてはならぬ言葉です。奇《く》しくもこの霊言収録の数日前、お兄様の正男氏がテレビのインタビューで自国のことを「北韓」と呼んで大騒動になりました。この表現は正男氏が世襲と金正恩体制に公然と反旗を翻したことを意味するからです。そのぐらい覚悟しなければならない言葉をさらりと!

金正恩守護霊はその後も「韓国」「北朝鮮」を連発。この本の中ではついぞ一度も「共和国」「朝鮮」を使うことはありませんでした。さすが肝の据わり方が違います。

さて。気になる「若き指導者」の本音とは。

―「政権移譲のための練習として、ミサイルを七発

撃った」（見出し）
金正恩守護霊　あれは花火の代わりだからね。ミサイルを撃てないようでは、やっぱり、実力者とは言えない。
　僕は、後継者であることを証明するために、また撃つから、よろしくね。みんなに、よろしく言っといてくれ。（193〜194ページ）

と軽く言い放ち、松島氏の住んでいる横浜辺りを狙ってやろうと脅します。

　実は私の手元に『金正恩著作集』（後述）という本があります。この守護霊インタビューの2年後、2012年の写真ですが、「光明星3号」2号機打ち上げの成功を喜び合う金正恩（肉体）の写真と演説が載っています。

　そこで金正恩は「わが祖国の初の実用衛星である『光明星3』号2号機」を「金正日総書記の懸命な指導とわが党における科学技術重視政策がもたらした五〇〇〇年民族史の特筆すべきこと」と祝賀するのですが、まさか本音が「後継者であることを証明するための花火」だったとは……。しかも！　金正恩守護霊様、「ミサイル」という言葉を易々と。共和国は公式には「ミサイル」ではなく「人工衛星」「通信衛星」「運搬ロケット」「周辺諸国に何の影響もあたえず」と主張していますし、国連にもそう届け出ています。「ミサイル」だということを次期指導者予定の方があっさりと認めていいのでしょうか。**守護霊と肉体、恐るべき二枚舌**です。


「核」っていうのは、持つまでは抵抗がすごいんだけど、いったん持っちゃったら、（中略）「もう、それで終わり」ということで、君、〝できちゃった婚〟と一緒なんだよ。（200ページ）

金正恩守護霊様、核保有を「できちゃった婚」にたとえるとは、日本の俗語にもお詳しいようです。

　さらに198ページで「外交では、そういう本心は言っちゃいけないと思う。『現金が欲しい』なんて言うようなことは、恥ずかしいよ。諸外国に知られては、まずいことだよな」と言っておきながら、204ページで「ミサイルを撃ってほしくないんだろ？　撃ってほしくなかったら、『ミサイル一発で、コメ何万トン』って計算してくれたらいいよ」「とりあえず、二百万トンぐらい欲しいな」と妙にセコい取引をもちかけたかと思えば、「あちら（評者注・金正日氏）が倒れた場合は、私が押すことになる」（211ページ）と核のボタンを押せるんだぞ――！　と脅してみたり。

「親父は日本人を拉致して、ずいぶん名前を上げたから、私も何か、〝手柄〟が要ることは要る。

勇ましい手柄が要るんでね。だから、韓国船を撃沈（評者注・2010年3月の「韓国哨戒艇沈没事件」のこと。北朝鮮は公式には関与を否定）して、『北朝鮮はやっていない』という言い逃れができるかどうかっていうのは、やっぱり外交手腕の一つだからね」（213ページ）と得意気に国家機密を暴露しまくります。

そして話題は拉致問題へ。

君、「拉致、拉致」って言うけど、わしらは山賊と違うんだよ。拉致じゃなくて、それは軍事演習なんだよ。軍事演習してるんだから、拉致なんて、かわいいじゃない？（217ページ）

まあ、彼らを、新世界に連れて来て、見聞させてやってるんだ。われらは、宇宙人と同じ立場にあるわけだから、彼らを、未知の世界に招待してるだけなんだよ。

彼らは、選ばれた人たちだから、〝エリート〟だな。（218ページ）

「拉致なんて、かわいいじゃない？」これ、本当に金正恩守護霊が言ってるんですよね？　大川総裁は肉体を貸しているだけですよね？

「その〝エリート〟の横田めぐみさんは、今、どこにいらっしゃいますか」と松島氏に聞かれてからの態度がさらにふざけています。

「親族じゃない人に答える必要があるかなあ。ん？」「北朝鮮では人一人死んだぐらい、もう、どうってことないんだよ」「日本に占領されなかったら、北朝鮮は、こんなふうにはならなかったよ」（219〜221ページ）と責任転嫁。日本に占領されたのに台湾はなぜ繁栄しているのか？　と松島氏に問われると、

金正恩守護霊　それは、南のほうにあったからじゃないか。
司会　暖かいと繁栄するんですか。
金正恩守護霊　うん。バナナがいっぱいとれる。
（221ページ）

と天才的指導者の漫才的問答。しかし、逃げきれなくなったのか、ついに一番聞きたくなかった言葉が……。

——

金正恩守護霊　うーん、横田めぐみさんね。もう生きてないよ。
松島　……、そうですか。
金正恩守護霊　もう生きてないよ。何言ってんだよ。そんなもん、証拠残すわけないだろ？　生きてたら、しゃべるじゃないか。北朝鮮が生かしとくわけないだろう？（後略）
松島　いつ、亡くなったんですか？
金正恩守護霊　え？　そんなこと、わしが知るか。（223ページ）

この後のやりとりは胸が悪くなりそうなので引用ではなく要約します。金正恩守護霊は全権を握っているのでめぐみさんが亡くなったことは知っている。幽閉すると食糧を食うので（評者注・幽閉とはいえ生かしておけば食事をさせなければならないので）あまりそういうことはできない、「ゲスト」でも「帰天」（評者注・幸福の科学用語で逝去のこと。キリスト教等でも用いられる）することはある。めぐみさんの死因は公式には病気だが、非公式には殺されたと……拉致

された人は証拠隠蔽のために「生きてたやつでも、おまえらが、ギャアギャア言うから殺されてるよ」（２２６ページ）。

――松島　それを民主主義と言うんですか！

松島さん、よく我慢した！　私が松島さんの立場だったら、しゃべっているのは「中の人」＝「金正恩守護霊」だということも忘れ、大川総裁の肉体の方の胸ぐらを掴んで殴りかかっていたかもしれません。

引き続き、第二次世界大戦のときから今までの日本への恨みつらみを吐き散らし、「神に成り代わって、早く、日本という国をこの地上から消してしまわなきゃいけないと思ってる」とのたまう金正恩守護霊。司会と松島氏の、「山賊国家」「非常識」「人をさらって、人を殺す」「不法入国」という辛辣《しんらつ》な言葉責めを浴びてタジタジ（肉体的には大川総裁を二人の弟子が問い詰めている図です。後で大丈夫だったかな）。

過去世は満州にいただの「太王四神記」のモデルになった広開土王のつもりだのと不可思議な大風呂敷を広げた後、

「まあ、次に会う時は、君が命乞いするシーンを見ることになるだろうな。ハッハッハ」

と言って去っていきます……。

日本の国家戦略室や防衛省様、何かご参考になられましたでしょうか。

金正日を「注射で殺した」と告白⁉

翌年２０１１年12月19日。北朝鮮の国営放送は金正日総書記が12月17日８時30分、現地指導に向かう途上で急病により逝去したことを報じました。

数日後。「父を注射で殺した」という日を疑うような白ヌキ文字の「号外」が巷に舞いました。写真はロイター／アフロ提供の金正日、金正恩親子。驚いて目を凝らすと「独占スクープ――金正恩守護霊インタビューで真相を語る」という小見出しが。

その新聞の名は――「Ｔｈｅ Ｌｉｂｅｒｔｙ」。

幸福の科学出版の雑誌の号外でした。相当数配布されたようです。下段には霊言の全容が映像で見られるから幸福の科学支部へいらっしゃい、というお誘いも。そんな勇気のない方のためにも（？）発売されたのが『北朝鮮終わりの始まり　霊的真実の衝撃』です。「2012年、北は崩壊し、朝鮮半島は統一に向かう」その他、帯に刻まれた衝撃見出しをご覧ください。

早速読んでみましょう。前半金正日の霊言に続き、金正恩守護霊の霊言は83ページからです。

金正恩守護霊　うーん。時は来たれりだな。いよいよ、わしの時代が来た。

（中略）

司会　お父様は、お亡くなりになられたんですよね。

金正恩守護霊　うん。そうなんじゃない？（『北朝鮮終わりの始まり　霊的真実の衝撃』86～87ページ）

お父様が亡くなられたばかりだというのに妙に軽いです。前回「ミサイルと米を交換しよう」と言っていたことも「いや、そんなのは一日で忘れなさい」とうれしそうでさえあります（88～90ページ）。父親を亡くしたばかりの子の本音をこんな風にしゃべってしまうなど守護霊も慎んでほしいところです。

この後、司会と里村英一氏（幸福の科学広報局長）と立木秀学氏（幸福実現党党首）がフセインやオサマ・ビン・ラディンを引き合いに出してアメリカから「奇襲をかけられる」可能性をつきつけます。すると……、

金正恩守護霊　アメリカをやる（評者注・北朝鮮から奇襲をかける）と危ないなら、日本をやるよ。野田さんをさらって、殺したって、別に何も言わんだろう？（106ページ）

といきなり不気味な霊言。読者の皆様はもうお忘れかもしれませんが、野田さんと言えば当時の民主

党政権における総理大臣です。一国の総理大臣をさらって殺すという「犯行予告」！　さあ幸福実現党、この一大事をどう防ぐ？

里村　まあ、そうでしょうね。

金正恩守護霊　（評者注・野田総理大臣の）身代金はいくらぐらいくれるんだよ。

里村　いや、あげません

金正恩守護霊　くれないの？

里村　「どうぞご随意に」ということです。（106ページ）

さすが、テロには屈しないと？

金正恩守護霊　そんなことはないだろう。

里村　野田さんは差し上げます。（106ページ）

え？　自国の総理大臣を「差し上げます」って⁉

金正恩守護霊　首相をもらったら、拉致しているやつを返してもいいけどさ。

司会　それでは、首相を差し出せば、拉致された人たちは全員帰ってくるのですか。

金正恩守護霊　だけど、野田では返せないかなあ。

（中略）

金正恩守護霊　返してほしかったら、いくら出す？　一万ドル？

里村　いやいや、まあ、一万円とは言いませんけど……。（107〜108ページ）

こ、これって取りようによっては一発死刑の「外《がい》患《かん》誘致罪」（外国と通謀して日本国に対し武力を行使させる罪）と誤解されたりしませんか？　幸福実現党さん、いくら民主党嫌いだからって、野田さんを貶《おとし》めるのに金正恩守護霊を使ってそんな危ない橋を渡らなくても。

金正恩守護霊は身内に対しても非情な面を見せま

す。二人の兄については「ちょっと、消さなきゃいかん」（117ページ）。叔父叔母の金敬姫氏と張成沢氏も「邪魔な動きをするようであれば、こちらにも刺客《しかく》を送るよ」と恐ろしい発言。

実際、張成沢氏は刺客を送られるどころか残虐に処刑されました。金敬姫氏は2014年現在情報が錯綜《さくそう》しています。金正恩守護霊は「中国が味方についている限りは、国は滅びないと見ている」（121ページ）と言っているのに中国とのパイプ役を殺しちゃダメでしょう。

そしてついに核心。少し長くなりますが引用します。

「父親に早く死んでもらうため、注射を打たせた」（見出し）

司会　あなたは、お父様がこんなに早く亡くなられるとは思っていなかったのでしょうか。

金正恩守護霊　いやいや、想定内だよ。

司会　想定内ですか。

金正恩守護霊　うん。このあたりで、もうそろそろ死んでくれないと、私の活躍の場がなくなるじゃない。

（中略）

里村　お父様の死期が早くなるように、手を加えたのではないですか。

金正恩守護霊　それはやったよ。

里村　やっぱり。そうではないかと思いました。

金正恩守護霊　そらあ、やったよ。早《はよ》う死んでくれんと困るからね。

（中略）

金正恩守護霊　「もう、やってくれ」とは言っておいたからね。

司会　「やってくれ」と言ったんですね。

金正恩守護霊　うん。

里村　病院に入れて、そこで？

金正恩守護霊　うん。注射を打てば死ぬでしょう？　人ぐらい。

司会　それは、あなたの国では当たり前のことなのでしょうか。
金正恩守護霊　当たり前ですよ、そんなの。暗殺の歴史ですから。
司会　お父様も殺してしまうんですか。
金正恩守護霊　うん。（１２２〜１２５ページ）

親殺しの大罪を、「うん」とこともなげに自白！！！！！！！！

恐ろしい告白は続きます。

司会　注射を打った人は、その事実を知っていますよね。
金正恩守護霊　もう死んでるよ。
里村　口を封じた？
金正恩守護霊　当然、死んでるよ。当たり前だろう。
（中略）
司会　その人たちは、自分が殺されるのを分かっていて、やったのですか。
金正恩守護霊　いや、分からなかっただろうな。勲章をもらえるのではないかと思ったかも。（１２５〜１２６ページ）

おそるべし金正恩。いや、金正恩守護霊。はや独裁者の冷酷さを見せつけています。

さらにさらに、「パーティーを開いて、（評者注・邪魔者を）非常にフレンドリーに、非常に発展的に始末をつける」（１３０ページ）方法として「食べてるときは、『おいしい、おいしい』って言ってるんだよ。でも、食べたあと、三十分か一時間ぐらいで、ピリピリピリッと体が痙攣《けいれん》して死ぬんだ。これは心筋梗塞に非常によく似てるんだよ。分かる？」（１３２ページ）と恐ろしいことを。

なんとこの「フグの毒とか、ああいうもので殺す方法を教えてくれてた」のは「日本人の料理人」だそうです!!

里村さんならずとも「これは微妙な発言ですよ」と天を仰ぎたくなります。「日本人の料理人」といえばあの藤本健二氏が思い起こされますが、藤本さんが金正恩少年にそんな恐ろしいことを教えたと？ これって名誉毀損じゃ⁇ フグ毒の症状の説明も大雑把すぎますし。

しかしこの「守護霊」、「守護」する「霊」のくせに本体をかばってくれるどころか半ば得意気に罪状暴露！ 他ならぬ大川総裁の霊言です。万が一にも間違いはありますまいが「名誉毀損罪」は外国人に対しては適用されないのでしょうか。それも一国のトップですよ。……ああ、言っているのは大川総裁ではなくて「金正恩守護霊」だから罰しようはないと？ しかし「国師」を名乗る大川総裁がこのような本を出されては、日朝の外交感情に障るとはお考えにならなかったのでしょうか。

この本、どころか号外の一片でも北朝鮮内で持っていることがバレたらその国民は間違いなく収容所送りになる危険文書です。たとえ本当のことでも、いや仮に本当のことであったとすればなおさら、「このようなありもしないことを言う者は共和国を貶めんとする反革命勢力であり、広めんとするは敵対国の謀略である！」という展開になりはしますまいか。

大川総裁が不惜身命《ふしゃくしんみょう》なのはまことに尊いことながら、一般信者さんたち、ひいては日本国民の安全も鑑みてはいただけないものでしょうか（現に、金正恩暗殺をテーマとした「ザ・インタビュー」というアメリカ映画に対し、北朝鮮は「上映を黙認・擁護するなら、それ相応の無慈悲な対応措置を取る」と米国政府に圧力をかけています）。

続いて朝鮮半島を統一して九州に攻め入るだの、「気がついて、ふたを開けてみたら、核兵器が百発、日本列島に向いていますよ」（151ページ）だのと脅しにかかり、ロシアの南下を恐れている弱気を覗《のぞ》かせ、いきなり「今、私に必要なことは、〝種付け〟なんだよ。（中略）女はたくさんいるねえ」（176ページ。結婚についてははぐらかしています）と赤裸々本音まで、喪中だというのにぺらぺら語りまくった後、

「二〇一二年が日本の最期の年になるから、みんなで、朝鮮に向かって五体投地をして、謝罪、お詫びをして亡くなっていきなさい。それが日本の最期の……」（177ページ）

とすごんでみせた挙げ句、

司会　とにかく、本日はどうもありがとうございました。

立木　ありがとうございました。

金正恩守護霊　うーん（舌打ち）。（178ページ）

と追い出されて（?）しまいます。

もちろん大川総裁は脅しに屈することなく、「北朝鮮の悲劇は、何としても終わらせなくてはならない。二〇一二年がその『終わりの始まり』となるであろう」とあとがきに力強く記してくださいました。

ちなみに本書では金正恩守護霊の自称は初めの頃は「わし」が6回、後半は「私」で15回。相変わらず自国を「北朝鮮」と呼んでいますが、135ページで初めて韓国を「南鮮」と呼ぶ表現が出てきます。誰か入れ知恵……いや、さすが金正恩守護霊、トップに立った自覚が！　と思いきや138ページでまた「韓国」に戻ってしまうのですが。

その二〇一二年ですが、幸いにも日本の最期の年にはならず、本書の帯の言葉とは違い、北も崩壊せず朝鮮半島は統一に向かいもしなかったのは皆様ご存じの通りです。

3冊目になると幸福の科学をからかう余裕が

3冊目は『守護霊インタビュー　金正恩の本心直撃！』を取り上げます。前書きは大川総裁のおいたわしいお言葉から始まります。

大川隆法　このテーマは、私としては、そんなにウェルカムではありません（笑）。あまり〝よい役〟ではないので、嫌は嫌なのです。（17ページ）

確かに……よい役ではないですよね。肉体の目に見えるのは、お世辞にも上品とは言えない言葉づかいで悪態をつく金正恩守護霊「役」（霊に肉体を貸している状態であり、「演技」ではありませんが）の大川総裁先生とそれを糾弾する正義の味方役の弟子たちの図です。

だからキムタクや菅野美穂や岡田准一を呼びたくなるわけですね。わかります（評者注・その後、キムタクや菅野美穂や岡田准一の霊言も出版されています）。

後述しますが、弟子たちも、酒井太守氏（幸福の科学宗務本部担当理事長特別補佐）が矢内筆勝氏（幸福実現党党首）に、「ただ、この人（評者注・金正恩守護霊）は、ちょっと頭が狂っているので……」（１５０ページ）などと言ったりと、普段とてもとても大川隆法総裁に向かって言えないことも、金正恩守護霊が体を借りている状態だからこそバンバン言えるわけです。決して弟子たちの師に対する本音ではありませんのでお間違いなきよう。

> もしかしたら、（評者注・金正恩守護霊が）うまく嘘をつく可能性もあります。そこで、万一《まんいつ》のときには嘘を剥《は》がさなければいけないので、いちおう、嘘を剥がす〝専門家〟を一人、質問者に入れておきます。（19ページ）

え？　「守護霊の語ることは本音と見てよい」のではなかったのですか？　設定が変わ……いいえ、根本仏エル・カンターレ様をもってしても嘘を見抜けないこともあると……。それでも「私が『秘密兵器』として活躍せざるを得ないですね」と体を張ってくださる総裁先生。ありがたきことにございます。

前書きにはこんな興味深い一文も。

> 安倍総理の「守護霊」というよりも、ほとんど「生霊《いきりょう》」に近いのですが、今日も昨日も、二晩続けて私のところに来ています。昨日は、一昨日《おととい》の

夜から朝までいて、今日も、もう朝の四時ぐらいから来ていました。

（中略）

私が安倍さんについて否定的なことを書くと、安倍さんの守護霊（生霊）は「書き直してください」と言ってきて、……。（17～18ページ）

さすが総裁先生。さりげなくセレブ（霊）交遊録を……。

さて本番です。

金正恩守護霊、降りてくるなり質問者の酒井氏に「へへ……。酒井？」「地獄でも天国でも有名だってさ」「『こいつだけには気をつけろ』ってなあ。『引っ越しのサカイ』っていってさあ……」（27～29ページ）とチンピラさながらにからみます。日本のコマーシャルまでご存じな金正恩守護霊、相変わらずの日本通。恐るべし。

しかし挑発（？）には乗らない酒井氏。「もう時間がもったいないので、その話はしません」

……もしかして酒井氏、普段から「引っ越しのサカイ」と呼ばれているんでしょうか？　金正恩守護霊様から？　大川総裁から？

金正恩守護霊のチンピラっぷりはさらにエスカレート。

「で、いくらくれるのよ」「ああ？　献金するのが宗教の仕事だろうが？　え？」「朝鮮総連は困っとるんだよ」「あんたら、宗教なんだったらさあ、鴨《おう》緑江《りょくこう》を越えて現金を持ってこい！　〝お布施〟を」「取材するんだったら、あんた、ちゃんと金を持ってこんかい！」（29～30ページ）

……2年前の本では「『現金が欲しい』なんて言うようなことは、恥ずかしいよ」と言っていたのに……人格、いや霊格が変わってしまったようです。

「二〇一二年が日本の最期の年になるから」と言ったことに対しては、

金正恩守護霊　ああ、正しいことを言うとるな。〝真理〟は何度でも繰り返すんだなあ。

酒井　もう、二〇一三年なんですよ。
金正恩守護霊　うーん。
酒井　あなたのはったりには、そういうパターンが多いんです。「二〇一二年は地獄の年になる」と言っていましたけれども……。（32ページ）

しつこいようですが間違えないでくださいね。肉体的には酒井氏が大川総裁に言っているように見えますが、あくまで「金正恩守護霊」に言っているのですからね。

金正恩守護霊　わしは、「ミサイルぐらい、なんぼ撃ってもいい」と思うとる。またつくったらいいんだからさあ。（39ページ）

またもや「ミサイル」発言です。「人工衛星」ではなく。

酒井　つくるお金はあるのですか。
（中略）
金正恩守護霊　何言ってんの？　金はこれから集めるんじゃないの？
酒井　どうやってですか。
金正恩守護霊　だから、ミサイルで〝献金〟を集めるんだよ。
酒井　例えば、グアムに撃つ。
金正恩守護霊　ああ、〝献金〟しに来る。
酒井　沖縄に撃つ。
金正恩守護霊　〝献金〟しに来るよ。
酒井　そうしたら……。
金正恩守護霊　まずは、韓国の大統領が〝献金〟してくれる。その次に、日本も〝献金〟に来るからさあ。
　中国もねえ、もうすぐ〝献金〟するよ。（39〜40ページ）

ここまでくると「銭ゲバ」ですね。矢内氏も「『撃つ撃つ詐欺』というか、口先詐欺ではないかと言われているんですよ」（46ページ）とあきれ顔です。

金正恩守護霊は「別に、撃てば詐欺にならないんだろ？　そんなの、いつでも撃ってやるさ」とすごみます。まるで終末予言で恐怖をあおる悪徳カルトの教祖様です。

次に綾織次郎氏（幸福の科学理事兼「ザ・リバティ」編集長）と矢内氏が予言収録日（評者注・ボストン時間で4月15日、日本時間で4月16日）の朝に起きたボストンマラソンテロとの関係を問い詰めます。4月15日が金日成将軍の生誕の日だから疑ったようですが。

「テロが五年十年続くと、もうみんな神経に来てしまって、アメリカ人は次々と発狂するからね。まあ、あらかじめ、そういうことを警告しておいてやる必要はあるね」（61ページ）、「いやあ、それは、うちがやったかどうかは分からんのだ。うちが、イラン人を雇ってやっとるかもしらんし、アルカイダを雇ってやっとるかもしらん。あるいは、うちがやっているように見せて、アメリカが自作自演をやってるかもしらん」（62ページ）と言ってみたり、「わしは、誰がやったか、知らんよ」（149ページ）とのらりくらり（現在のところ犯人と北朝鮮の関わりを示す物証は出ていないようですが）。

他にも「アメリカの特殊部隊が来たら、ねじ伏せて殺す」（51ページ）だの、「アメリカの空母を一つ沈めてやろう」（57ページ）だの「韓国を併合する」（73ページ）だの、「もう、（評者注・朴槿恵大統領が）一撃で殺されるのを知ってるよ。青瓦台なんか、そんなの、イチコロだ」（80ページ）だの、アメリカと韓国に毒づきます。

中国の習近平氏（評者注・霊言収録当時、中華人民共和国副主席。2013年に主席に就任）を「豚」呼ばわりしたかと思えば（72ページ）、「（中国は）うちが『ちょっとだけ悪役をやってくれている』と分かってる。中国の代わりに、ちょっとだけ悪く見せてやってるのは、よーく分かってるから、感謝してるんだよ」（120ページ）とか言いたい放題です。

もちろん日本にも、

「だから、天皇が逃げた理由も分かるでしょう？（評者注・4月15日に天皇皇后両陛下が長野へ行幸啓《ぎょうこうけい》されたこと）効果が高いからな。そりゃ、日本人が少ししか死ななくても、宮内庁が死んだだけで、被害は最小限だけど、これ、日本にボコーッと大きな穴が開くわな」（108ページ）

「中の人」＝金正恩守護霊が言っているとはいえ、こんな恐ろしいことを口にせざるを得ない大川総裁も聞かなければならない信者さんたちも大変です。

しかしながらこの金正恩守護霊、悪だくみは次々吐き散らすものの具体的な日時については何も言わないのです。なんと老獪《ろうかい》な。

根本仏たるエル・カンターレにして「人間イージス艦」（23ページ）たる大川総裁と同じ肉体の中で「二人羽織《ばおり》」（『温』18ページ）状態（評者注・なお、霊言中は大川総裁の肉体の中に霊が入って話してはいますが、大川総裁の意識はしっかりしています）。でも、嘘を剥がす専門家を前にしても言い逃れます。

またしてもマスコミやら日本の国家戦略室や防衛省の溜息が聞こえてきそうです。

しかし、老獪にはなっていますが、忘れっぽいのは相変わらずです。

綾織　あなたが「暗殺した」と言っていた金正日総書記とは、（評者注・霊界で）話をされているのですか。（評者注・金正恩守護「霊」なので）

金正恩守護霊　親父か？

綾織　はい。

金正恩守護霊　暗殺？　わしがするわけないだろう。

綾織　以前、そうおっしゃっていました。

金正恩守護霊　誰かにされたんだろう。アメリカだ！　ＣＩＡだ！（129ページ）

……あれだけべらべら自白していながら、何を今さら……こんなに重大なことを。

今回の金正恩守護霊が前二冊と違うのは大川総裁の口を借りて幸福の科学をからかう余裕が出ている

ことです。

だから、そういう〝海賊出版社〟（評者注・幸福の科学出版のこと）は、早く潰さんといかんわな。（34ページ）

海賊出版社……金正恩守護霊、鋭いかも。いえなんでもありません。

だから、君らに協力してるんだよ。君らは、週刊誌から、「こんなくだらん本を出して、新聞に広告が載っとる」って、笑われてなあ、……（35ページ）

そんなの知らんよ。〝潰れかけ〟の出版社を救済しようとして出してるんだろう？　君らが潰れんようにな。（59ページ）

決して自虐ネタではありません。あくまで金正恩守護霊様のお言葉です。肉体の目に惑わされないように。

「この〝貧乏出版社〟から出したって、二、三万部も売れりゃいいほうだろうな」（１４０ページ）

おおっと！　いわゆる「マリー・アントワネット発言」（民衆が日々食べるパンにも事欠いていると聞かされたマリー・アントワネットが「パンがなければお菓子を食べればいいのに」と言ったとされる。史実ではないそうですが、庶民の窮乏と物の価値を知らないことのたとえに使われます）！　本書も「二、三万部も」売れればいいなあ……。

総裁先生、いえ金正恩守護霊様は我が国の出版不況をご存じないようで……幸福の科学の信者さんたちは必死に……いえ信仰に燃えて本を買っていらっしゃるので「二、三万部」など売れたうちに入らないとお思いなのでしょう。それとも共和国における書籍の流通の仕組みは我が国とは異なるのでわからないのかもしれません。日本通なのに。

金正恩守護霊様、挙句の果てにこんなことまで。

あなたがたは「北朝鮮と戦ってる」と思っているのに、あなたがたが金を儲けすぎているようだから、国税庁が入って、税金をゴボーッと持っていく。これが日本の国なんだよ。こういう、バカなセクショナリズムの国なんだ。

「政党をつくって、負け続けることができる」なんて、こんなの、世間が許さないからね。「大川隆法もホリエモンみたいにしてやる」と言って入ってくるのが国税庁だ。（139ページ）

ホリエモンこと堀江貴文氏が告発されたのは脱税じゃなくて証券取引法違反ですが。

君らは、「会員のお布施を〝不正流用〟して、選挙活動をやってる」っていうことだ。（141ページ）

金正恩守護霊様、ひどく具体的に幸福の科学の内部告発を!!

君らは税務署が潰してくれるんだ。われらじゃない。君らの敵は、われわれじゃなくて、税務署だ。（141ページ）

幸福の科学様、もしかして最近、税務署と何かありましたか？　くどいようですがこれは霊言ですので大川総裁の本音なんかでは断じてありません。それにしても大川先生も幸福の科学さんも豊かなんだろうなあ。私も一度でいいから「金を儲けすぎて」国税庁に目をつけられてみたい。

ちなみに、国税庁は個々の納税事案について「入って」（＝調査して）「税金をゴボーッと持っていく」（＝課税して徴収する）機関ではありません。税務行政の執行に関する企画・立案等を行い、国税局と税務署の事務を指導監督するところです。

金正恩守護霊様、せっかくの日本通なのに、惜しい！　あと、幸福の科学ほどの組織を相手にするなら税務署ではなく国税局でしょう。

聴き手側もとうとうあきれ果てたのか、

――酒井　もう結構です。これ以上やっても、話が膨らみませんので。（144ページ）

とピシャリ。

それでも粘る（6ページにわたって！）金正恩守護霊にイラだったのか、

――酒井　（矢内に）ただ、この人（金正恩守護霊）は、ちょっと頭が狂っているので……。（150ページ）

とつい本音を。繰り返しますが決して決して大川先生に言っているわけではありませんからね。でも肉体の目には大川先生に対して「頭が狂っている」と言っているとしか見えないのですから、すごい勇気です。

144ページに「これまでの対話は『ただの漫談』だったのか」という見出しがあります。皆様は漫談だと思われますか？

私は違うと思います。漫談は笑わせる目的でネタを仕込み、定められた（ほとんどは数分間の）時間内に何度も聞く人を笑わせようと芸を磨きます。笑いが多ければ多いほど成功です。

霊言は人を笑わせる目的などでは断じてなく、仕込みなしでこれだけ長い時間をかけて語られます。決して聞く人の笑いを求めているわけではありません。大川総裁先生、聴き手の皆様、本当にお疲れさまでした。

気になる（？）一人称その他の呼称ですが、「わし」36回、「私」9回、「俺」4回。お父様のことは「親父」。自国のことは「うち」。だいぶキャラクターが安定してきたようです。30歳で「わし」メインの風格です。

気になる国号については82ページに「南鮮」とありますが、84ページには「韓国」に戻っています。

金正恩守護霊様、「統一」まであと一息ですね。

本書164ページで触れた『金正恩著作集』は

「地上の金正恩ご本人はどのような言葉づかいなのだろうか?」と気になって繙きました。あいにく私は朝鮮語がわかりませんし翻訳してくれる霊団もいないので……。公式な「書き言葉」ですし、格調高く翻訳されているでしょうから比較にならないかもしれませんが。

一人称は一貫して「わたし」(例・わたしは、金正日総書記が託した社会主義祖国と人民のためにすべてをささげるつもりです)。

お父様のことは「金正日総書記」または「金正日同志」。前後に必ずといってよいほど「わが党の永遠なる総書記」「民族の父」「敵を震え上がらせる百戦百勝の鋼鉄の総帥」「子どもたちを限りなく愛する慈父、心あたたかい保護者」などの賛辞を伴います。

一方、大川総裁の口を借りたる金正恩守護霊様の方はといえば、一度もこのような言葉を使わず「親父」などと! せめて「民族の父」と言いなさい!! 守護霊のくせにどれだけ無礼者なのでしょうか。肉体の方を見習いなさい! 自国のことは「われわれ」「わが祖国」「わが党」「人民」など。「うち」などという言葉は『金正恩著作集』には出てきません。関係のほどは不明ですが、大川先生のご出身の徳島では「わし」「わい」「うち」という一人称がよく使われるそうです。大川総裁が守護霊の言葉を翻訳するときに影響したのでしょうか。

『北朝鮮終わりの始まり』の内容はインターネット動画でも一部拝見できますが、エル・カンターレ様への信仰薄き耳には金正恩守護霊が降りているときとそうでないときの声音やイントネーションがあまり変わったようには聞こえないのです……どちらも私には関西訛りに聞こえます。

正恩様のお母様は日本の関西出身だという説もありますから、その影響でしょうか。しかし他の多くの霊言も、やはり大川総裁の口を借りるときは関西訛りに聞こえることが多いようです。

また「白玉のような忠誠心と崇高な道徳主義」「祖国統一と民族繁栄」「領袖決死擁護」など『金正恩著作集』の中に出てくる社会主義特有の血わき肉

躍《おど》るような言葉も（「社会主義」という言葉自体も）、大川総裁、いや金正恩守護霊の口からはほとんど出てきませんでした。

　朝鮮民主主義人民共和国最高指導者たる金正恩同志の守護霊たるもの、チュチェ思想に基づく勇ましい言葉を駆使して教団幹部たちを完膚《かんぷ》なきまでに叩きのめす雄姿を見せていただきたかった。「ミサイル」で脅してお米やお金をタカるなどというセコいことをなさらずとも、２００９年に金正恩（肉体）の指示で仕掛けられたというサイバー攻撃を引き合いに出し、霊的ではないサイバー攻撃を駆使して日本のシステムを壊滅させるぞ！　とか日本中の預金を全部引き出してやるぞ！　とおっしゃれば日本国民は震え上がりますものを。

　いや、大川総裁をもってしてもサイバー攻撃のサの字も口を割らせられなかったのですから、やはり金正恩守護霊、あなどれません。まさかサイバー攻撃の何たるかを知らないわけはないでしょうから。

　大川総裁、一つお願いがございます。何とぞ横田めぐみさんはもちろん、すべての拉致被害者の守護霊をお呼びくださいませ。何しろ大川総裁に「呼べない霊はない」のですから、金正恩守護霊に訊くなどというまわりくどいことをなさらずとも皆さんが今どこでどうしているのか自在に語らせることが可能でしょう。

　被害者ご家族の前と、新たに始まった日朝交渉の関係者の前で霊をおろし全員を捜し出させてください。どうかどうか、伏してお願い申し上げます。

（稗田おんまゆら／文中一部敬称略。肩書はそれぞれ出版当時のもの）

参考文献
『金正恩入門』河泰慶作、崔炳善漫画、ＴＯブックス、２０１１年
『父・金正日と私　金正男独占告白』五味洋治著、文藝春秋、２０１２年
『引き裂かれた約束　全告白・大将同志への伝言』藤本健二、講談社、２０１２年
『金正恩著作集』チュチェ思想国際研究所編、白峰社、２０１４年
国税庁ホームページ　http://www.nta.go.jp/index.htm

名探偵「アガサ」が、千年以上前の殺人事件を『万葉集』から呼び覚ます！

『人麻呂の暗号』（藤村由加）

人麻呂自身がダイイングメッセージを暗号として歌に残した？

１９９０年前後、『万葉集』は韓国語で読めるという本がいくつも出され、ベストセラーになったことがある。それらに対する批判は当時から安本美典氏の『朝鮮語で「万葉集」は解読できない』（ＪＩＣＣ出版局・１９８９）、『続・朝鮮語で「万葉集」は解読できない』（ＪＩＣＣ出版局・１９９１）や西端幸雄氏の『古代朝鮮語で日本の古典は読めるか』（大和書房・１９９１）などですでに書き尽くされた感がある。それら『万葉集』韓国語本はいずれも言語学の方法や国文学・歴史学の基礎研究を度外視したこじつけの産物であり、今では学界はもちろんアマチュア古代史ファンの多くからも顧みられることはない。

それらの中でも異彩を放っていたのが藤村由加による「暗号」シリーズである。そのラインアップは『人麻呂の暗号』（１９８９）、『額田王《ぬかたのおおきみ》の暗号』（１９９０）、『枕詞千年の謎』（１９９２）、『古事記の暗号』（１９９７）の４冊でいずれも新潮社から書き下ろし単行本として出版され、さらに新潮文庫として版を重ねた（『枕詞千年の謎』は文庫入りの際に『枕詞の暗号』に改題）。『人麻呂の暗号』（以下、本書）はシリーズ最

新潮社
単行本1989年、文庫1992年
両方とも品切れ

初の一冊にしてその後のシリーズを貫く方法論を提示したものである。

　私はこの小文を書くために久々に本書を手に取り、感慨にふけらずにはいられなかった。90年代当時には輝いていた本書の文面がすっかりくすんでしまっていたからだ。もちろん変わったのは私の方である。

　藤村由加というのは4人の女性の名前から一字ずつとって作った共同ペンネームだという。彼女らはヒッポ・ファミリー・クラブという言語教室の成人向け講座トランスナショナル・カレッジ・オブ・レックス、略称トラカレに通う仲間だった。彼女らは中野矢尾氏という人物をリーダーにして韓国語を含む外国語を学ぶかたわら（ヒッポ・ファミリー・クラブは多言語同時学習を推奨している）、『万葉集』から中国語や韓国語に由来する言葉を探す作業をしていたが、あるとき、その中野リーダーが「柿本人麻呂の歌が、韓国語との関連で解けたわよ」と言い放った。

　その説得力と明快さに、ため息にも似た歓声が部屋を満たしていった。その手口のあざやかなこと。誰をもひきつけ、誰をもあきさせない。わずかな手がかりを糸口に、見事に読み解かれると、誰にでも納得がいく。私たちは、中野先生にさっそく「アガサ」の異名を進呈した。もちろん推理小説の女王、アガサ・クリスティーにちなんでのことである。（本書文庫版42ページ）

「アガサ」が古歌解読のために用いた第一のルールは「枕詞＝被枕詞」だったという。現代では意味不明とされる枕詞は、それがかかる日本語を朝鮮語で言い直したり、音や漢字の字面《じづら》から連想される朝鮮語を日本語に言い換えたりしたものだったという。たとえば山の枕詞とされる「あしひき」についてはこのように解読される。

―

　朝鮮語で足を「タリ」ということは、前にも述べた通りだが、調べていくと「引く」ことも古語で「タリ（ダ）」ということがわかった。それだけではない。この『足引』の係る山のことも古代朝鮮語では「達（タル）」といっていたというのである。（中略）

つまり、朝鮮語を通してみると、「あしひきの」という枕詞と、それが係ることば、「山」は、（中略）「タリ」という音の語呂合わせになっているのだ。（本書文庫版59～60ページ、ハングルをカタカナに直した）

さて、本書の結論、それは、人麻呂は歌を通して大宮人（宮中に仕える人）の「乱行」を告発していた。そして、人麻呂は政治の動向をもろにかぶって殺されたが、その歌の中に自分の死期が近いことも読み込んでいたというのである。本書単行本が出た当時の帯にはその内容が次のように要約されていた。

——人麻呂を中国語韓国語で読むと……そこには全く別の恐しい意味が隠されていた—千有余年の封印を解いて今明らかにする歌聖の出自と死の謎。文学史を覆す衝撃の書。

雄大な叙景歌が亡霊の歌に—水遊びの歌が痛烈な宮廷批判に—韓国語・中国語を触媒として人麻呂は戦（おのの）くばかりの変容を遂げた。自らの歌に暗号をちりばめた万葉の歌聖の悲痛のメッセージとは。

人麻呂は権力の忌避に触れて殺されていた！　しかも被害者である人麻呂自身がそのダイイングメッセージを暗号として歌に残していた！

千年以上も前の眠れる殺人事件を『万葉集』だけから呼び覚ましたとすれば「アガサ」はそれこそクリスティが生んだポアロ氏やミス・マープルなみの名探偵と言えそうだ。

実際、本書では「アガサ」を名探偵としてキャラ付けしようとする描写が各所にある。

「さぁ……それは、あんたたちで確かめてみることね」

　アガサの言い方はいつもこうだ。なにもかもお見通しのはずなのに曖昧にかわす。だからといって、すべて鵜呑みにするとあとでとんでもない目にあうこともある。（本書文庫版98～99ページ）

「この歌はね、死んでしまった女たちが、冥界をぐるぐるさまよっているのよ」

　紫煙をくゆらせながらアガサが低い声でゆっくりと言った。

「またそんな魔女みたいなこと言って……」

「わかった、年をとると見えてくるんでしょう」

　私たちはくやしまぎれにアガサをひやかした。

でも我慢できなくなって、

「どうして」

　と聞くと、ニヤリとしてアガサは行ってしまった。これはアガサが何かを握っていて「あんたたちわかる?」と挑発する時の彼女独特の表情なのだ。（本書文庫版187～188ページ）

　しかし、推理小説の名探偵の思わせぶりなキャラが読者に受け入れられるのは解決という予定調和が待っていればこそである。現実の世界でそれを行えば単なる変人だろう（そもそも小説内世界においてさえ名探偵は他の登場人物から変人扱いされるのが常である）。過剰にキャラ付けされた「アガサ」の言動は今の私には、**人を煙に巻いて喜んでいる困った人にしか見えなくなっていた。**

人麻呂の歌のこじつけも『水底の歌』の影響力が薄れるにつれて説得力を失っていった

　さて、本書が推理小説から借りた要素はキャラとしての名探偵だけではない。それ以上に重要なのは本書の全体があるトリックによって支えられていることだ。もっともそのトリックは推理小説の世界ではアンフェアとみなされる類いのものであり、学問的論証においてはなおさら避けられるべきものである。

「アガサ」に導かれた著者たちは人麻呂の歌から次々と死を暗示する言葉を見出していく。たとえば『万葉集』巻1—48「東野に炎の立つ見えてかえり見すれば月傾きぬ」

この歌の「炎」は通説では「かぎろひ」または「けぶり」と訓じられ朝日に照らされた草原に立つ陽炎を歌った歌と解されているわけだが、本書の著者たちは「炎」の朝鮮語読みである「ヨム」は、「死体の体を清め、帷子《かたびら》をきせる」という意味の語と通音であるとしてこの歌は死者すなわち「東野に現れた亡霊の姿」を歌ったものだとする（本書文庫版104〜105ページ）。

また、人麻呂の歌で藤の枕詞として使われている「あらたへ」について荒栲つまり荒く織った布は朝鮮で古来喪服《もふく》として使われているものだから死のイメージと重なるという（本書文庫版280〜281ページ）。

このようにして著者たちは人麻呂の歌が死を意味する語に満ちており、人麻呂自身の死もその歌に暗示されているとするわけだが、同じ言葉を用いた別の歌人についても同じことが言えるのか、特に考察することはない。たとえば、「あらたへ」は藤もしくは衣の枕詞として人麻呂以外の歌人もよく用いるものなのだが、**それらの作例が特に死のイメージと結びついているか、人麻呂の用例との比較さえしていないのである。**

著者らは人麻呂の歌は死のイメージに満ちているという先入観に基づき、朝鮮語まで援用しながらその語句を死と結びつけているように思われる。かつて予言解読者たちがノストラダムスの予言は当たっているという先入観に基づいて、その詩を現実に起きた事件とこじつけていたようなものである。

そして、著者たちが人麻呂と死のイメージを結びつける先入観を与える文化現象はかつて確かにあった。それは古代史ブームの立役者の一人で哲学者の梅原猛氏による『水底の歌』の大ヒットである。

人麻呂が石見国《いわみ》（現・島根県西部）への旅の最中に

世を去ったことは『万葉集』から明らかだが、通説ではそれは地方官僚として任地に赴く途中での病死とみなされていた。しかし梅原氏は、人麻呂は当時の政界の大物・藤原不比等《ふひと》と対立して石見に流され、配流先で処刑されたと唱えたのである。『水底の歌』は1973年に新潮社から上下巻の単行本として出版され、第一回大佛次郎賞（74年度）を受賞、その後も文庫版や上製本として版元を代えながら部数を伸ばし続けた。

70年代半ばから80年代にかけて人麻呂に関心がある古代史ファンで梅原氏の名と『水底の歌』の書名を知らない人はいなかっただろう。読んだことがないという人でも、書評や他の著者の引用を通じてその内容の一端は見聞きしたことがあったはずだ。

本書には梅原氏の名が直接出てくる箇所はない。しかし、著者たちが人麻呂の歌をことさら死のイメージと結びつけることに違和感を抱かず、さらにそれが当時、おおかたの読者に受け入れられた背景には『水底の歌』が作り出した時代の空気があったように思われる。

しかし『水底の歌』が出てから40年を経た今も梅原氏の人麻呂流刑説を裏付けるような決定的証拠は得られることなく梅原氏の著書のテーマも人麻呂を離れて久しい。ノストラダムスの予言は1999年以降、一気にその「権威」を失墜したが、本書における人麻呂の歌のこじつけも『水底の歌』の影響力が薄れるにつれてその説得力を失っていったわけである。

さて、本書の著者たちがそもそもなぜ韓国語や中国語などを学び、さらにそれを日本の古代文献の解読に応用しようと思い立ったか。それは「アガサ」からの薫陶《くんとう》だけでなく著者らが通うヒッポ・ファミリー・クラブの創始者である「祭酒《さいしゅ》」こと榊原陽《さかきばらよう》氏の言葉に触発されてだという（ちなみに祭酒とは律令制度での大学の長のこと）。

―――

隣りの国のことばを大切にしよう。ことばを大切にすることは、そのことばを話す人間を大切に

> することだ。隣りの国の背後に世界があるのであり、隣りの国を飛び越えた世界はない。多言語人間とは、どんな人をも飛び越えず、すべてのことばに開かれた心なのだ。（本書文庫版11ページ）

> 　古代日本ではさまざまなことばが飛び交っていた。人間は本来多言語存在なのである。（本書文庫版11ページ）

> （聖徳太子が一度に十人の問いに答えたという話について）彼がいわゆることばの達人で、中国人とは中国語で、古代朝鮮人とは古代朝鮮語で、アイヌ人とはアイヌ語で、また日本のさまざまな方言の問にも答えられたというのなら、十分理解できる。聖の一字をよく見てごらん。聖とは耳と口の王者ではないか。いまだ国語など定まらない言語流動期に、ことばの達人こそ、その共同体の水先案内人、リーダーとしての資格がある聖なる者だったのではなかったか。（本書文庫版12ページ）

著者たちはこれらの発言に対し次のように思ったという。

> 　古代日本の言語状況を独特の想像力で語る祭酒の話を聴きながら、私たちはその意外な発想に好奇心をそそられた。知らず知らずに私たちは、「日本は単民族単言語国家である」という今日の常識に馴らされていたのだった。（本書文庫版11〜12ページ）

榊原氏による聖徳太子の伝説の解釈に関する是非はともかく、著者たちの発想の原点に榊原氏の多言語人間志向があり、それを古代日本に投影するところから彼女らの「研究」が始まったことがうかがえる。

　もっともここには大きな落とし穴がある。本書の主張は人麻呂が「暗号」として当時の朝鮮語などを歌に組み込んでいたとするものだが、**古代日本が多言語社会であったなら、それらの言語を解する人も大勢いたことになるわけで、暗号として機能しない**

のである。著者たちの人麻呂歌謡暗号説は最初から破綻《はたん》していたのだ。

その後の暗号シリーズも額田王が歌に天智・天武の対立を読み込んでいたという『額田王の暗号』はともかく（もっともこの考え方自体は暗号など持ち出さなくとも通説に近い）、『古事記の暗号』は『古事記』の神話を古代中国の占いの書『易経《えききょう》』の翻案として解釈するもの、『枕詞千年の謎』は古歌の枕詞とそれが係る語との関係について連想ゲームを重ねるもので、もはや何が暗号なのかさえわからない。

著者たちは次のように述懐している。

> 私たちは万葉集で出会う枕詞をつぎつぎにほどいていった。その度にどうして今まで千年以上もこんなことが放置されていたのだろうと不思議に思ったものだ。まるで万葉集が私たちの手で解かれることを待っていてくれたかのような――そんな気さえしてくるのである。（本書文庫版84ページ）

しかし、安本美典氏は１９８９年の前掲書で本書を引き合いに出し、「『万葉集』は、朝鮮語で解けるはずだ」という前提で作業を進めた場合、その論者が朝鮮語について、広く十分な知識を持っていればいるほど、こじつけや語呂合わせが、いっそううまくいくことを指摘している。

結局、著者たちは自分たちにとって不可解なものとなっている日本の古典を「暗号」とみなし、それを最近なじんだばかりの中国語・韓国語（の古形と思われるもの）に付会して解釈してしまっただけなのだろう。だからこそ「暗号」シリーズは古代史ブームおよび韓国ブームの終焉とともに埋もれていったのである。

なお、本書の母体ともいうべきヒッポ・ファミリー・クラブは榊原氏の理論に基づき幼児期からの多言語同時学習を推奨している。しかし、近年では、家族ぐるみの海外赴任などで幼児期から並行して多言語にさらされた児童が、どの言語についても習得が遅れ、文字の習得や論理的思考の形成にも悪影響を及ぼすダブルリミテッド（セミリンガル）と言われる現象が報告されている（たとえば中島和子「テーマ『ダブルリミテッド・一時的セミリンガル現象を考える』について」『母語・継承語・バイリンガル教育（ＭＨＢ）研究』3号・2007年3月）。

多言語同時学習についてもその報告を踏まえてリスクを検討する必要があるだろう。また、2013年8月にはヒッポ・ファミリー・クラブの運営主体である一般財団法人言語交流研究所に対して東京都労働委員会から不当労働行為があったとの認定に基づく命令書が出されている。（原田 実）

「日本人と韓国人はもともと同族」「日本語と韓国語は一つの言語であった」と主張する本

『韓国人は何処から来たか』（長浜浩明）

展転社
2014年
本体1500円＋税

発想の逆転から生まれた「日韓同祖論」

よく、韓国では「日本人のルーツは百済《くだら》である」「日本語のルーツは韓国語である」「日本文化は韓半島から伝来した」などと言って韓国人と日本人が同族であると強調される一方で、「近代に至るまで日本の文化は猥雑で風俗は野蛮だった」などと日本人を貶める言説が語られる。日本人と韓国人が同族であると主張しながら、日本人を夷狄《いてき》視・野蛮視するのは矛盾している。お説に従うなら、その猥雑な文化や野蛮な風俗のルーツも韓国だ、ということになってしまう。自分の好みに合ったことばかりを信じていると、それらが持つ矛盾や食い違いに気がつかない。こうした現象は韓国特有のものではなく、日本でも見られるものである。

ここでは、そうした例として、長浜浩明『韓国人は何処から来たか』（展転社、２０１４年）を紹介する。

この本の結論は、「日本人と韓国人はもともと同族である」ということと、「日本語と韓国語はもともと一つの言語であったが後に分かれた」というものである。この主張自体は別に目新しいものではない。戦前には日韓併合を合理化する目的で、こうした主張がなされてきた。最近でも、6、7世紀には朝鮮半島と日本の間に通訳が要らなかった、という言説がよく語られる。日本では「日本と朝鮮半島のゆかり」なるものを語る場面でよく言及され、韓国では「日本文化は朝鮮半島文化の亜流である」「日本語のルーツは韓国語である」、もしくは「日本を建国したのは渡来人」（あるいは「古代日本は百済の植民地だった」）という言説とともに語られることが多い。いずれも、「そうであってほしい」という願望から生まれた俗説であり、その根拠は薄弱《はくじゃく》である。

ところが、この『韓国人は何処から来たか』は、こうした言説を逆手にとって、「日本語と朝鮮半島の言語には差がなかったのだから、韓国人と日本人は同じ民族だった」、つまり「韓国人は日本人だった！」と主張しているのである。従来の「日韓同族論」は「朝鮮半島から日本人の祖先が渡ってきた」と主張するものが大部分だったから、この点で長浜氏の主張は斬新なものだと言える。この主張の根拠として挙げられているのが、大韓民国海外公報館が発行した『韓国のすべて』という冊子の記述である。

今でこそ韓国と日本は、言葉と文字、風俗習慣をはじめ主権を異にする個別の国家として緊密な交流・協力に努めていますが、わずか１２００年前までにしても、韓半島の住民と日本列島の住民とは、パスポートやビザなしに自由に行き来していたうえ、通訳なしにも、なに不自由なく意思を通じ合えたのです。

この記述をもとに長浜氏は「百済の人々も日本語と通じる言葉を使っていた」「新羅語は上代日本語に近いものだった」、そして「西暦８００年頃まで、両国の言葉は、なに不自由なく通じていたが、その後、通じなくなった」と述べている。それが、なぜ通じなくなったのかというと、まずは「百済を滅ぼした新羅が日本語を駆逐したから」だそうだ。

しかし長浜氏の主張が正しいなら、もともと新羅人も日本語を話していたはずである。なぜ、日本語を話していたはずの新羅人が百済人の話していた日本語を駆逐して、その結果、日本人と話が通じなくなるのか、**この本を読んでみてもさっぱりわけがわからない。このあたり、著者自身も混乱しているようである。**

そもそも、「西暦800年頃まで日本人と百済人・新羅人の話が通じた」という主張自体が誤りである。長浜氏は朝鮮語の専門家である菅野裕臣・東京外国語大名誉教授や言語学者である崎山理・滋賀県立大学名誉教授の著書を引用し、「新羅語の実態はまったくわかっていない」「新羅が半島を統一して後、約800年間もの長きにわたり、半島で使われたであろう新羅語は皆目見当がつかないし、今後も解明の見込みは立たない」と述べている。しかし、菅野氏や崎山氏は「新羅語と日本語の親族関係が立証できるほど、新羅語の実態が解明されていない」と述べているだけで、別に新羅語の実態がまったく解明されていない、と述べているわけではないのだ。

確かに新羅語の資料が貧弱であることは事実であるが、地名や固有名詞以外に「郷歌《きょうか》」と呼ばれる新羅歌謡が『三国遺事』に14首、『均如伝』に11首残っている。これは、漢字の音・訓を借用して新羅語を表記する「郷札」という方式で書かれている。この「郷歌」は数が少なくて、万葉歌のように解釈が定まっているわけではないが、それでも新羅語の重要な資料である。

「郷歌」の表記や諸家による解釈を見ると、上代日本語とは似ても似つかない。**まるっきり別の言語で書かれたものであることは明らかである。**

また、『続日本紀』『日本後紀』『延喜式』などには、すでに新羅語の学習や通訳に関する記事が見られる。日本人と新羅人の話が通じたのなら、新羅語の学習や通訳が必要なはずがない。一方、新羅語と百済語が互いに通じることは7世紀に成立した『梁書』に言及が見られる。つまり、百済語は新羅語と大きな差がなかったということだ。百済語も新羅語同様、日本語とは異なった言語だったということであり、意思の疎通も不可能であったと考えるしかない。

韓国語史や比較言語学の知識は皆無

さらに長浜氏は、新羅が高麗《こうらい》によって倒され、その高麗を侵略した元（モンゴル）によってモンゴル語が高麗語に流入し、その後、高麗を倒した朝鮮が高麗語を駆逐し……といった過程を経て、ますます日韓の言語が通じなくなってしまったという意味のことを述べている。長浜氏は高麗語の実態も新羅語同様、まったく不明であると思っているらしい。高麗を滅ぼした朝鮮が高麗の王族を皆殺しにし、高麗語を抹殺した（はずだ）と言うのだ。

> 李朝は高麗王族を皆殺しにしたくらいですから、高麗語を消し去ろうとしたことは容易に想像できます。だからこそ高麗語は分からなくなり、李朝はそれに代わる新たな言語、モンゴルのパスパ文字を真似た「訓民正音」を世に出したと考えられます。（160ページ）

新羅語同様、高麗語の資料も多くはないが、宋代の『鶏林類事』や高麗で編纂された『郷薬救急方』などの文献資料によってある程度の語彙を再構することができ、明代の『朝鮮館訳語』などによってハングル創制《そうせい》前の朝鮮語についても、ある程度の実態は把握できる。それらの資料には共通した語彙も多く、「高麗語が抹殺されて、新たな言語が生みだされた」などという主張は誤りである。また、「訓民正音」（ハングル―訳注）は文字の名前であり、「高麗語に代わる新たな言語」ではない（さらに言うなら、ハングルがパスパ文字を真似て作られたことを立証する文献資料は存在しない）。

長浜氏によれば、ハングルが創制された理由は「新しい言語」の導入だったという。

> （モンゴルの侵略によって―引用者）混血民族となった韓人が民族として生きるには、新たな言語が不可欠であり、その意味は、それまでの言葉を棄

て、「民を教え、導く、正しい発音」が必要でした。（161ページ）

ところが、このハングルの普及がうまくいかなかった。朝鮮の支配階層・両班《ヤンバン》が「へんな文字を作り出して、シナ宗主国の怒りを買うのではないか」と反対したからだそうである（確かに崔万理ら重臣がハングルの創制に反対したのは事実であるが、「事大慕華（中華文明を慕うこと）に照らして恥ずかしくないだろうか」と述べたのみで、「へんな文字」などとは言っていない）。

ともあれ、中国に媚びへつらう支配層の反対と妨害でハングルの普及は進まず、「シナ語」が韓国語に大量に混じる結果となったのだそうである。

長浜氏は、近代になってハングルを普及させたのは日本人の井上角五郎《かくごろう》であり、日本の植民地下における教育であったと主張する。日本の教育によって日本語由来の漢字語も大量に流入したのだが、長浜氏は「カラッポな韓国人の頭に、日本が新しい漢語を与えた」と述べている。

韓国人がこれらの漢字語を受容できたのは、漢文や漢字の素養があったからだ、ということには思い至らないらしい。 ハングルばかり使っていたのなら、こうしたことは不可能であったはずである。

さて、日本の植民地支配を脱した韓国人は日本から流入した漢字を韓国語音で発音し始めた。長浜氏はこれを「先ず彼らは日本語を廃し、『民族的独自性を表す』と称して日本統治時代に使ってきた漢字を止めてハングル表記し、それを発音し始めたのです」（165ページ）と述べている。

さらに韓国では1970年代に漢字表記の廃止、いわゆる「ハングル専用」が行われたが、これは「漢字を認めると『韓国語は日本語をベースに成り立っている』ことがわかってしまうので、それを隠すため」に行われたものだという。その結果、日本語由来の漢字語の出自がわからなくなってしまったのだとか。

要するに、**漢字を使ったら使ったで「宗主国・明に盲従している」、ハングルを使ったら使ったで**

「日本語との関係を隠蔽しようとしている」という否定的な結論になるのである。 さらに日本由来の漢字語の排斥も行われたため、ますます韓国語の語彙が日本語と乖離《かいり》してしまい、かつて同一の言語であったこともわからなくなってしまったのだそうである。

> 系統言語学者は「韓国語と日本語の文法は似ているが、単語は似ていないので、系統関係はない」というのですが、韓国人はこのような心根で「敢《ママ》て変えてきた」のですから、似ていなくて当たり前なのです。（168ページ）

要するに長浜氏の主張は、日本語と韓国語は同じ言語だったが、百済語が駆逐され、モンゴル語が混入し、高麗語が抹殺され、漢字表記の影響で「シナ語」が混入し、日本の植民地時期に流入した漢字語をハングル表記したために変質してしまい、別言語になってしまった、ということである。

長浜氏の主張の問題点は、韓国語史に関する理解を徹底して欠いていることである。そうでなければ、「新羅語の実態はまったくわからない」「高麗語は抹殺された」「ハングルはパスパ文字を模倣して作られた」などと述べるはずがない。

また、長浜氏は「言語」と「表記」を混同している。長浜氏は、韓国語について「500年の歴史しかない日本語とシナ語の混合語」「縄文の昔にルーツを持つ日本語とは比べものにならない、歴史のない、出来立てほやほやな言語」だと述べている。

しかし、そもそもハングルは言語を表記する「文字」であり、「言語」そのものではない。「500年の歴史しかない」のはハングルによる表記の歴史であって、「韓国語の歴史」ではない。朝鮮が中国に事大の礼をとり、漢字を表記手段として用い、中国由来の漢字語を用いていたとしても、日常生活で中国語を話していたわけではない。中国語の語彙がそのまま韓国語の語彙になったわけでもない。

韓国で漢字表記廃止、いわゆる「ハングル専用」

が推進されたことは事実である。１９７０年から公文書と教科書から漢字表記がなくなり、漢字教育も廃止された（その後に復活）。しかし、漢字を廃止したところで、韓国語に大きな変化が生じたわけではない。日本から流入した漢字語がなくなったわけでもない。新聞や書籍でハングル専用がほぼ達成された現在でも、これら日本由来の漢字語はハングル表記されたまま用いられているのである。

さらに、長浜氏は比較言語学の基礎的な知識もない。韓国語との親族関係を立証するために他言語との比較に用いられる基礎語彙はほとんどが固有語であり、漢字語は含まれない。ゆえに韓国人が漢字語をハングル表記しようが、日本由来の漢字語を排斥しようが、他言語との親族関係の立証には無関係である。

この本の特徴は「日本人と韓国人はもともと同族であった」という結論を述べる一方で、「それでも、やっぱり日本人と韓国人は違う」と主張していることである。本の末尾あたりで長浜氏は韓国人がいかに不潔で堕落《だらく》していたか、近代以前の朝鮮で人権がいかに蹂躙《じゅうりん》されていたかを強調している。そして**「古代から現代まで、このような韓国・朝鮮人にかかわって良いことは一つもなかった」などと述べているが、長浜氏の主張によれば、そもそも古代には日本人と韓国人は同族であったはずである。**

長浜氏の主張は、「日本人のルーツは朝鮮半島である」と述べる同じ口で「日本の文化は猥雑で風俗は野蛮である」と述べる韓国の言説と酷似している。主張に含まれる矛盾や食い違いが都合よく無視されているという点においても両者はよく似ている。「自分の信じたいことが歴史の真実」という言説は、どこの国でも似たり寄ったりの内容になるという典型的な事例なのかもしれない。（水野 俊平）

『史記』に書かれた中国大陸の古代国家は西アジア・地中海の国家だったと主張

『倭と辰国』（鹿島昇）

新国民社
1979年
品切れ

殷や周の遺跡はイシンやアッシリアが東方に作った植民地の跡？

本書は『史記』に語られた秦帝国以前の古代中国史の真相を「考証」するとともに、かつて中国大陸を支配した倭人（本書によると日本人と朝鮮人の共通の祖先）国家の存在を主張するものである。

本書の著者・鹿島昇《のぼる》（1925～2001）がその「考証」の根拠とするのは地名遷移《せんい》と国家の偽造という概念である。その基本的考え方は次のようなものである。

騎馬民族に故郷はない。いま眠り、いま生きている土地の他に、何をもって故郷といえるだろうか。例えば西をみて、西の山と呼ぶ。そこから数百里の行旅のあと、この人々は西方に山があれば西の山と呼ぶであろう。そして、この人々が母なるティグリス河のほとりからシル河を渡り、黄河のほとりに辿りついたとする。そのときこの人々が、ティグリス河も、シル河も、黄河も、そのすべてを母なる河と呼んだとしても、別におかしくはないのである。（本書17～18ページ）

国家の偽造というのは、移民・亡命者の祖国の歴史を、新国家に持ち込んだことであり、法律用語に従えば、これは偽造でなく変造とすべきかもしれない。偽造かどうかは、注意して原型の史書と偽造された史書とを比較すればすぐ判るのであって、困るのは抹消した本来の史書の復元である。

　この国家の偽造という、きわめて単純で幼稚な事実を見破れなかった理由は、東洋では、史書は王家の系図自体であるとともにシャーマニズムの中核をなすものであって、これを批判するものに対して想像を絶する圧力が加えられたためである。また史学が学奴的に成長し、常にシャーマニズムと権力の擁護を追究したことによるものであろう。（本書36～37ページ、なおシャーマニズムとは本来、祈祷師《きとうし》や巫女《みこ》など超自然的な存在と交信する人物に支えられた信仰形態の意味の語だが、鹿島は権力者の神格化の意味で用いている）

それを具体的に言うと『史記』で中国大陸にあったとされる古代国家の多くは、西アジア・地中海方面にあった国家の歴史を中国の各地域に置き換えて説明したものというわけである。たとえば中国史最初の王朝といわれる夏《か》はウルク（イラクの国名の由来になったともいうイラク南部の都市国家）、夏に取って代わった王朝の殷《いん》はやはりイラク南部の都市国家であるイシンとバビロン、殷を倒した周はメソポタミアに広域国家を作ったアッシリア王国という具合である。中国大陸で夏の遺跡が発見されないのはそのような国家が中国になかったからであり、中国で見つかっている殷や周の遺跡はイシン、アッシリアが東方に造った植民地の跡なのだという。

　殷が中国大陸自生の民族であるとする主張は、殷墟から出た人骨がモンゴロイド型であることを根拠とするが、根拠となるものはこのことのみなのである。

　だが『旧約聖書』は、バビロンの地のセム、ハム、ヤペテ、ユダヤの人々が同じ言語を使用したのち、異なった言葉を話すようになって四方に散って行ったことを記し、それ以前の人々は同じように背が高かったとして、人々が四散の後これらの人々の骨骸が低くなって変化したことを示唆している。

ところで元が中国本土を支配した百年の間に元民族は殆んどすべて漢民族になってしまったと歴史は教えている。この蒼氓の大地にまぎれこむ人々は、生きとし生ける者すべてが同化されてしまうのであろうか。

西域から侵入したセム族たちが、行旅の途次、征服した女性たちを妻妾としながら、数百年かかって黄河流域に辿りついたと考えれば、この人々の遺骨がモンゴロイド型であることは当然理解できる。（本書64ページ）

中国大陸の殷墟における殷王の実在は、この甲骨の記載とのちの史書によるのみであって、王自体の遺跡は発見されていない。私はこれら殷王は実はイシン（第四）王朝の十一王のことであって、中国大陸の殷墟はイシンの植民地である殷を、受祭者であるイシンの執政官が支配した遺跡であり、ここで本国のイシン王の意見を占うためさかんに亀卜を行ったと解したいのである。（本書71ページ、甲骨《こうこつ》とは亀の甲羅を焼いてそのひびで占う亀《き》卜《ぼく》や、同様に獣の骨を焼く占いに使われた甲羅や骨のこと。そこには占いの結果が文字で刻まれた）

以上周代の金文に関する考証を行ったが、アッシリア王が周の司政官を賞した事実を、その司政官が銅鼎に刻したものが周代の金文で、のちにはアッシリア本国でも祝事を銅鐘に刻することがあり、これはアッシリアの滅亡のとき周に運ばれたというのが、この問題に関する結論になるのである。（本書95ページ、金文《きんぶん》とは周代青銅器の銘文、鼎《かなえ》は古代中国で王権の象徴とされた三本足の青銅器）

さらに周代末期に覇権《はけん》を競った列国はそれぞれ秦**がアケメネス朝ペルシャ、晋がバビロン、魯《ろ》はイスラエル、宋はイスラエルとユダヤ、斉はエジプトだ**

が、戦国時代の斉（田斉）**はマケドニアに相当する**という。中国の山東半島にある斉の遺跡はエジプトが東方に造った植民地の跡というわけだ。

中国史学者が本書を認めなかったのは真実を知って恥じたから？

さらに中国史でいう**秦始皇帝の中国統一とはマケドニアのアレクサンダー大王の東征**でペルシャに安住できなくなったペルシャ王家が中国大陸に移住し、新政権を建てたことを意味するという。

前二一三年の秦の「焚書坑儒」とは、（中略）四百六十余人の儒者を殺した事件である。

このことの正確な意義は、秦がアケメネス・ペルシアの亡命政権であることと、アレクサンダーに敗れたことをいっさい隠してしまい、秦が中国自生の国家であるとして偽史を作ることにあった。（本書135ページ）

したがって周代末期の中国史に登場する有名人もまったくの架空か、実は西方の人物だったということになる。たとえば儒学の祖である**孔子の正体は旧約聖書『列王記』に登場する預言者エリア**で孔子の伝記に登場する国家や人物はすべて旧約聖書に出てくる国家や人物と対応しているという（本書150～153ページ）。

さて、本書によると秦が始めた歴史偽造を完成させたのは漢代の司馬遷だという。

ところで司馬遷は李陵の匈奴服従事件に関連して、宮刑に処せられるが、この直後李陵事件が誤報であったと判明したという。しかし遷はこのあと二年間拘束されている。司馬遷の処刑が李陵事件によるものならば、これが誤報と判明したとき、直ちに釈放されていたはずであって、遷の処刑は恐らく偽史作成に関する処刑と考えられる。（本書148ページ）

しかしこの想定は辻褄《つじつま》が合わない。本書によると司馬遷が歴史を偽造したのは漢の武帝の命令によるものだという。それが罪に問われたとするなら、司馬遷は漢の武帝の命令に従った罪によって漢の武帝から処刑されたことになってしまう。また、司馬遷は獄中でも『史記』の執筆をやめることなく出獄後に完成させたのだが、罪状が歴史偽造だとすると獄中でも罪を重ねたことになってしまう。それでは出獄が許されようはずもない（なお、宮刑《きゅうけい》とは去勢する刑罰のことである）。

ちなみに司馬遷が、友人・李陵《りりょう》が匈奴の将軍になったという誤報について李陵をかばったために処刑されたというのは正史『漢書』に記されたところだが、司馬遷は単に李陵の罪に連座したわけではなく、専制君主である武帝の決定に異を唱えたことが罪に問われたわけで、それは李陵の件が冤罪《えんざい》と判明したからと言っておいそれと許されるものではなかった。

さて、本書では、秦帝国より前の中国大陸にあった倭人国家を想定して、それを「辰国《しんこく》」と呼んでいる。その辰国の歴史を記した文献として、本書では『倭人興亡史』『宮下文書』『上記《うえつふみ》』『竹内文書』『秀真伝《ほつまつたえ》』を挙げている。

『倭人興亡史』というのは本書の著者・鹿島曻の独自の用語で、一般には『契丹古伝《きったんこでん》』と呼ばれている。東丹国（遊牧民族・契丹が満州に建てた国、926～936）で編纂された史書という触れ込みだが、来歴や解読に疑わしいところがあり、信が置ける資料ではない。

他の4つについては超古代の天皇に関する歴史を記すといういわゆる古史古伝であり、いずれも偽書である。しかし、鹿島はこうした歴史学で相手にされていない資料こそ真実を伝えるものとみなしていた。

さて、本書は鹿島の2冊目の著書である。最初の著書『倭と王朝』（新国民社、1978）の内容は、記紀が実は古代朝鮮史を下敷きにしたものであるとして日本の古代天皇の系譜を高句麗・百済・駕洛《から》・新羅などの王統譜の合成として解釈するものだった。『倭と辰国』の方はその手法での朝鮮史と日本史を、古代オリエント史と中国史に置き換えたものと言えよう（もちろん鹿島の主観では逆で、司馬遷がオリエント史を中国史に書き換えた手法を記紀の編者が踏襲した、ということになるわけだが）。

さて、本書の内容だが、鹿島が力説するほどオリエント史と中国史が似ているわけではない。具体的に指摘すると煩瑣《はんさ》になるので割愛するが、本書ではその両者を一致（？）させるために何代もの王を削除したり複数の王朝を同一だと言い張ったりと無理を重ねている。

そもそも西アジアで広く用いられていた楔形文字《くさびがた》は中国から出土しないし、漢字の原型となる文字は中国で大量に見つかっているのに西アジアから一つの出土もないのだから、**本書の想定は無理筋にもほどがある**（アッシリア本土の金文は中国に運ばれたというのは言い訳にすぎない）。

鹿島は後の著書でこのように述べている。

以上、『史記』が漢訳オリエント史であることを明らかにした。さきに拙著『倭と王朝』『倭人興亡史1』で『記・紀』が和訳百済・駕洛史であることを説いたとき、若干の中国史家が私見に興味を寄せたが、『倭と辰国』で中国史が借史であることを述べると、彼らは一転して反対し、一部のオリエント史家が興味を寄せたのである。アメリカ合衆国の人々は彼らの父祖が渡来者であることを恥じているだろうか。恥ずべきは過去を偽ること、歴史を教訓としないことではないだろうか。（鹿島昇『倭人興亡史2』新国民社・1979、326ページ。文中に出てくる『倭人興亡史1』も同年発売）

中国史の研究者が本書の内容を認めなかったのは真実を知って恥じたからではなく内容が荒唐無稽すぎたからなのだが、鹿島は終生、それを理解できなかったのである（もちろんオリエント史の学界からも結局、本書は認められなかったようだが）。

なお、本書以降の鹿島の説の発展やその他の活躍ぶりについては拙著『日本トンデモ人物伝』（文芸社）を参照されたい。（原田 実）

タイムマシンが登場しながらタイムパラドックス無視の大人向け歴史漫画

『なかった別冊①漫画・「邪馬台国」はなかった』（福與 篤＝著、古田武彦＝解説）

ミネルヴァ書房
2012年
本体2200円＋税

タイムパラドックス回避のための注意点が1つだけ

「Chakuwiki」というジョーク系サイトの「ベタな歴史学習マンガの法則」というページの筆頭には「必ずタイムマシーンに乗る」というのが掲げられている。歴史に限らず、恐竜や化石人類などを扱う学習漫画にもよくあるのが、タイムマシンを発明した博士が子供たちを連れて恐竜時代なり歴史的事件なりの現場に行く、というあらすじである。

もっともタイムマシンというガジェットは学習用には意外と使いづらい。SF的趣向に関心がない人はタイムマシンというだけで鼻白《はなじろ》むし、SFに関心があればあったでタイムパラドックスを気にしないような粗雑な設定にはあきれてしまうだろう。学習漫画でのタイムマシン導入は、子供なら細かいことは気にしないだろう、という大人の賢《さか》しらの表れでもある……。

と思っていたら、2012年にもなって、れっきとした大人向けの歴史漫画にタイムマシンが臆面もなく登場する作品が現れた。それが本書である。

本書はかつての古代史ブームの頃、マスコミの寵《ちょう》児《じ》だった古田武彦氏の説を漫画の形で解説したものである。奥付の著者紹介によると、作者の福與《ふくよ》篤《あつし》氏の経歴は次の通り。

1942年　東京都杉並区生まれ。早稲田大学大学院政治学研究科修了後、東京都公立学校事務職員として小中学校に40年間勤務。「古田武彦と古代史を研究する会」「日本野鳥の会」会員。

この履歴からすると、特に過去、同人活動も含め漫画関係の業績は持っておられないようだ。画風としては似顔絵の域を出ず、人物の動きは感じられないが、説明文を含む文字の多さでそれを補っている感がある。

作者の分身と思しき主人公の第一声は次の通り。

ある日私は書店で『「邪馬台国」はなかった』を買った。著者は古田武彦という人だった。読んでみて驚いた。「邪馬台国」は近畿地方大和にあったと学校で習った。ところが「邪馬台国」ではなく「邪馬壱国」であり、所在地は北九州であるという。西晋の陳寿の「三国志」を素直に読めば、そうなるんだと。それから古田さんの既刊書などを次々読み漁った。講演会にも参加したのであった。（本書4ページ）

この吹き出しがあったのと同じ4ページには古田氏の似顔絵が描かれ、吹き出しで「『邪馬壱国』であること証明して四十年になってしまった。ヤレヤレ」とつぶやいている（しかし、「学校で習った」と言っているけど邪馬台国は大和にあったなどと断定的に書いている教科書などあるのだろうか）。

本書の本筋らしきものが始められるのは22ページからだが、その前に邪馬台国問題に関する古田武彦説のあらましがイラストや表入りで説明される。

20ページではやはり似顔絵の古田氏が吹き出しで次のように述べている。

驚かないでください！　倭人は太平洋をわたり、南米に「国」を創っていたのです。その国名は

「裸国」「黒歯国」です。コンドル、ガラパゴスのトカゲ、イースター島の石像なども知っていました。（本書20ページ）

いや、驚いた方がいい。イースター島にポリネシア系住人が入植したのは5世紀頃、最古のモアイが建てられたのはせいぜい10世紀くらいだから、3世紀の邪馬台国（邪馬壱国）時代の話に「イースター島の石像」が出てきたら大変な時代錯誤だ（詳しくは拙著『トンデモ偽史の世界』楽工社を参照）。

それはさておき、本書の本筋は〝友人の「アインシュタイン」とあった…〟という小見出し（?）から始まる。

主人公が友人の一石君（「ニックネームはEinstein」だそうな）相手に一席ぶち、「『三国志』の著者の陳寿に会って確かめたいんだ。タイムマシンがあったらいいなんて思ってるんだよ」というと、一石君答えて「ヘエーッ！　そうなのか。ぼくはタイムマシンを作ったんだよ」。

主人公は一応驚いて見せるが、中生代に行って撮ってきたという恐竜の写真を見せられてあっさり納得、その足で一石君の家に向かう（主人公はキャッチセールスとか詐欺とかに気をつけた方がいい）。

道中、古代王朝の祭祀の行列が現れたり、「マスコミ」「学界」「文部科学省など」という見出しがついた人物が嘆くのが見えたりという超常現象（?）が起きるも、2人はまったく動じない。

ホントにタイムマシンがあった！　貸してくれよ。陳寿に会いに行きたいから…

貸してもいいが、過去や未来から物を持ってきてはいけないよ。そんなことをすれば歴史は破壊され、秋田君も戻ってこれなくなるからね。（本書26ページ）

いや、一目見ただけでタイムマシンとわかるのか（ちなみにハエとコガネムシを合わせたようなフォルムで、

右に停まっているのが「タイムマシン」

背中が搭乗口になっているというデザイン)。それにタイムパラドックス回避のための注意がこれだけってどんだけ時間なめているんだ(で、いかにも伏線のようなこのせりふは後々の展開にまったく影響しない)。なお、主人公の名が「秋田」であることはここで初めて判明する。

続く27ページでは一石君が「操縦は簡単、全自動だ。時代を設定するだけだ」と指示。ところが次のコマには「毎日、猛訓練…」とある。

過去の歴史への介入にもまるきり無頓着

なにはともあれ、タイムマシンの操縦ができるようになった秋田君は「西晋時代の洛陽にタイムスリップ!」。スリップしてどうする、それを言うならタイム・トラベルだろうに。

当時の衣装に着替えた秋田君、通りかかった農夫に「ニイーハオ!」、いや現代中国語のあいさつじゃ通じないだろ、と突っ込む間もなく「ニイーハオ?」と返事をした農夫、そのまま現代日本語で会話に突入（まあ、学習漫画で地域や時代の壁を越えて言葉が通じるというのはお約束だけど）。

秋田君、陳寿の家の門番に「未来の倭国から来ました」と自己紹介、奥に通され陳寿と対面、陳寿曰く「未来の倭国からだと！」「ナニーイッ！　余の『三国志』が後世まで残ったというのか！」、えらく頭が柔軟だな（というか未来から来たという概念あるのか）。

そもそも陳寿に自分の素性を明かすこと自体、過去の歴史への介入なのだが、秋田君（というか作者）はまるきり無頓着である。

それからは陳寿による魏志倭人伝の正しい読み方講義、ただし内容は古田氏の著書の祖述、……あ、陳寿が土偶の写真持って「エクアドル・バルディビアの土偶である」と語る箇所がある（47ページ）。

エクアドル、バルディビア遺跡の土器についてはかつて日本の縄文土器の影響があるとの説が出されたことがあり、古田武彦氏もその説を支持したことがある。この説がすでに成り立たなくなっていることは拙著『トンデモ日本史の真相　史跡お宝編』（文芸社文庫）やＡＳＩＯＳ『謎解き古代文明』（彩図社）でのナカイサヤカ氏の解説に譲るとして、西晋の陳寿が南米エクアドルで20世紀に発見された遺跡を解説するのは珍妙だ。すでに著者は**この陳寿が古田氏と同一人物であることを隠す気もない**ようである。

さらに卑弥呼の表記に関する解釈にはこんなくだりも。

> 「呼」には「コ」と「カ」の両音がある。「コ」は呼吸などの意。「カ」は神に奉《ママ》げる犠牲に加えた切傷の意である。（本書63ページ）

古田氏は諸橋『大漢和辞典』を根拠に「呼」という字に「神に奉《ママ》げる犠牲に加えた切傷の意」があると唱えているが、実際には諸橋『大漢和辞典』にそんなことは書かれていないというのはこの際措《お》くとしても、「呼」の音読みが「コ」だけでなく「カ」

もあるというのは日本での話で、古代中国人がそういう読み分けをしていたわけではない。

　さらに82ページでは秋田君が地球を球形とする測量モデルを陳寿に教え、「そうか。地球は丸かったのか！　未来の天文術・算術に敬服する」と陳寿に言わせている**（もうタイムパラドックスなんか怖くない）**。

　ちなみにこの測量モデルの解説は古田武彦氏の魏晋朝短里説（三国・魏や西晋で用いた距離の単位は通説の1里＝約４３５メートルではなく、その5分の1以下の1里＝約75メートルだとするもの）との関連で出てくるものである。

　本書の中での陳寿はもちろんこの魏晋朝短里説を認めているわけだが、実際にはそんなことはありえない。この魏晋朝短里説をとると魏志倭人伝については一見説得力がある解釈ができるが、『三国志』全体に適用すると中国大陸内部の地理についてつじつまが合わなくなるからである。中国人からすれば正確に測量されていたかどうかわからない場所の地理を説明するために自国内の歴史地理を混乱させる必要はないだろう。

　魏晋朝短里説については拙著『幻想の多元的古代』（批評社、２０００年）ですでに考証しているので詳しくはそちらに譲りたい。

　以上、本書には古代中国人の陳寿を現代日本人である古田氏の代弁者にしてしまったためにちぐはぐになってしまった箇所がいくつも生じている。

　そして現代に帰ってきた秋田君、一石君相手に〝やはり「邪馬台国」はなかったよ！〟、一石君もそれに応えて「歴史を大家・権威にまかせてはいけないということだね。歴史を取り戻そうということだね！」とのやりとりに秋田君の長文の感想がついて大団円。


「定説派」は、近畿地方に、連綿として「大和朝廷」があったのだと主張してやまないのだ。「邪馬台国」も、この地にあったと強弁してやまない。（中略）だから、陳寿先生に直接会って、三世

紀の日本と中国との交流史の真偽を確かめたかったんだよ。（本書１３８ページ）

しかし、不思議議なのは3世紀の日本と中国との交流史の真偽を確かめるのなら、倭国の現地なり実際に外交をつかさどっている魏の機関なりに行けばよさそうなものだが、秋田君は陳寿の屋敷に腰を落ち着けるなり帰るときまで一歩も動こうとはしない。卑弥呼（ちなみに古田氏の説では「俾弥呼」が正しいという）や諸葛孔明といった歴史上の人物も陳寿から聞いた話として登場するだけで、秋田君は彼らに直接会いに行こうとはしない（もっとも動きがない作者の画風では主人公がいかにアクティブになろうとしても無理があるだろうが）。

秋田君はタイムマシンに乗って過去に行くのも辞さない行動派のようでいて、その実、特定の人の話を聞くだけで満足する信者的体質のキャラである。それはまさに現在、古田氏を取り巻いている人々の性格を象徴しているようだ。

なお、その古田氏は本書解説において「すばらしい本だった。わたしは原稿を読み終わって、驚嘆した」（１４５ページ）、「今回の福與さんの作品は衝撃的だった。『漫画で、ここまで描けるのか。』――信じられなかった」（１４６ページ）、「団塊の世代の生み出した一つの傑作を、わたしはここに見た」（１４７ページ）と絶賛している。しかし、その解説の中で古田氏が言及している他の作品は、田河水泡の『のらくろ』、手塚治虫の『ブラック・ジャック』、そして『カムイ伝』のみであり、「わたしの漫画体験は、そこまでだった」と述べている。だとすれば

漫画を見る目がないのもいたしかたないだろう。

高尚な内容も漫画にすれば受け入れられやすくなる、というのは漫画を知らない人が陥りがちな偏見だ。また、ＳＦ的な設定なら多少の無理はごまかせるだろうというのもＳＦを知らない人が陥りがちな勘違いだ。これまでも多くの学習漫画がその偏見と勘違いゆえに苦笑をそそるものとなってきた。本書はその轍《てつ》を踏んだだけでなく、現在、古田氏周辺に

いる人々の一つの典型を図らずも示してしまったわけである。

さて、本書27ページ、秋田君がタイムマシンで旅立つ場面には次のような吹き出しがある。

「歴史は足にて知るべきなり…（秋田孝季）」

つまり、歴史を学ぶには現地に足を運んで調べるべきだ、という意味である。主人公の名はこの秋田孝季からとったものだろう。この言葉を掲げながら秋田くんが倭国の現地に足を運ばないというのも滑稽だが、実はこの秋田孝季、『東日流《つがる》外三郡誌《そとさんぐんし》』の偽作者・和田喜八郎（1927〜1999）が自ら偽作した「古文書」の著者として仮託した架空の人物なのである（『東日流外三郡誌』偽作事件の影響については拙著・文芸社文庫『トンデモ日本史の真相　史跡お宝編』『トンデモ日本史の真相　人物伝承編』参照）。

つまり、この言葉も実際には和田喜八郎のものというわけだが、和田本人は自宅に座して雑誌・書籍・新聞・テレビから仕入れたネタを元に偽書を量産していた。

つまり「歴史は足にて知るべきなり」という言葉自体が、和田の欺瞞の産物だったわけだが、その安易さは、主人公・秋田君に時間旅行をさせながら、結局は古田氏の著書や講演で得た知識（?）の引き写しを聞かせるだけでよしとした本書の作者と通じるものがあるかもしれない。（原田　実）

騎馬民族征服王朝説は時代の風潮によってこんなに意味を変えてきた

『論集パレオ騎馬民族説』（洞富雄編）

大和書房
1976年
品切れ

驚かされる「征服」を肯定的にとらえる発言の多さ

昭和のテレビ界で活躍した脚本家・佐々木守《まもる》（1936～2006）は次のような言葉を残している。

いまここに、ぼくの目の前に、日本古代史に対する様々な学説がころがっている。いわく〝邪馬台国の位置〟いわく〝九州王朝〟いわく〝河内王朝〟いわく〝騎馬民族征服説〟いわく〝好太王碑文の謎〟エトセトラだ。ぼくは、それらの異説、新説のすべてを支持する。それが〝皇国史観〟と敵対するものであるかぎり、いかなる珍説であっても支持したいと思う。（佐々木守「キリストの死んだ村」『歴史読本』1974年4月号所収）

1970年代の古代史ブームを支えた気分を見事に言い当てた一言である。これらの中でも特に佐々木のお気に入りだったのは騎馬民族征服王朝説であった。彼が脚本を書いた変身特撮『アイアンキング』（1972～73）、昼メロ『三日月情話』(76)、歴史青春もの『哀愁学園～日本忍法伝』(78)、劇場映画『ウルトラQ ザ・ムービー 星の伝説』(90)などでは騎馬民族の大和国家に征服された日本先住民の悲哀が描かれている。

騎馬民族征服王朝説は考古学者の江上波夫（東大名誉教授、1906〜2002）が1948年に民族学者の岡正雄（1898〜1982）や人類学者の石田英一郎（1903〜1968）、考古学者の八幡八郎（1902〜1987）らとの座談会の中で提示したものである。その座談会では岡が、満州の遊牧民が南下して日本列島の農耕社会を征服し日本国家の基礎を築いたという仮説について検討されたが、江上は岡の提議を発展させる形で騎馬民族征服王朝論を展開した。

手塚治虫（1928〜1989）は1967年、『火の鳥　黎明編』で騎馬民族征服王朝説を下敷きにした古代史ロマンを描き出した（主人公は騎馬民族に征服される側の少年ナギと武将・猿田彦）。江上の一般向け著書『騎馬民族国家』（中公新書、1967）が刊行されたのもこの年である。

こうして騎馬民族征服王朝説が一般にも広く知られるようになると、その説を奉じる人々の間から市民の視点から古代史を見直そうという声が上がり、1972年に江上を名誉会長とする「東アジアの古代文化を考える会」が結成された。やがてこの団体は古代史ブームを牽引《けんいん》する勢力の一つとなり、江上が逝去した後もその活動が続いている。

江上の騎馬民族征服王朝説の詳細は時期によって異なるが、一貫する骨子は朝鮮半島にあった扶余《ふよ》系国家の辰国《しんこく》が4世紀初め頃に日本列島に入り、天皇家の祖先になったというものである。江上自身は自説とその時代の政治的課題とをからめるのを慎重に避けているが、騎馬民族征服王朝説ファンには佐々木や手塚の作品に見られるように、征服の産物としての天皇制を被征服者の視点から批判的にとらえる傾向がしばしば見られた。

江上の騎馬民族征服王朝説への批判としてはすでに安本美典『騎馬民族は来なかった！――検証！日本国家の起源』（JICC出版局・1991）、佐原真『騎馬民族は来なかった』（日本放送出版協会・1993）などの一般向け書籍があるので、ここでは割愛したい。学説としての当否はともかく、騎馬民族征服王朝説が学界の枠を超えて戦後社会全体に大きな影響を残した学説だったことは否定できないだろう。

さて、本書は同会の活動が機で大和書房により始められた企画、日本古代文化叢書の一冊として世に出たものである。内容は騎馬民族征服王朝説と似た内容の先駆的な論考をまとめたものである。

取り上げられた論考は以下の通り。

佐野学（１８９２～１９５３）「日本古代史論」（１９４６）第一章・第二章
喜田貞吉（１８７１～１９３９）「日鮮両民族同源論」（１９２１年初出）
山路愛山（１８６５～１９１７）「日本国民史草稿」第一編第一章・第二章（１９１４年初出）
山路愛山「上古史総論」（１９１５年初出）
山路愛山『日本人民史』（遺稿。１９６６年に岩波文庫から刊行）より「日本人種論」上下

佐野学は日本共産党中央委員長だったが、１９３３年に獄中で転向声明を出している。本書の編者の洞富雄氏によると、佐野は１９３０年にすでにパレオ騎馬民族征服王朝説（パレオは水着の腰回りに巻く布……ではなく古形、原型という意味）ともいうべきものの着想を得ており、その年の『中央公論』７月号に掲載された「獄中通信」に「日本に渡来した征服種族は匈奴の一系であるというテーゼ」に言及しているという（匈奴《きょうど》は主に漢代に中国の朝廷を悩ませた遊牧民のこと）。

喜田貞吉は東京帝国大学・京都帝国大学・東北帝国大学で講師を歴任し、近年では被差別部落研究の先駆として再評価されている歴史学者である。また、日本民族起源論では満州から朝鮮半島を経由して渡来した扶余系民族による征服を重視しており、江上もこの考え方が自説の先駆であることを認めていた。

山路愛山は明治・大正期に活躍したジャーナリス

ト・文学評論家で、晩年は民間歴史家としての著作も数多く残した人物である。

各論者の説の詳細や相違点などは措くとして、本書を通読して驚くのは「征服」を肯定的にとらえる発言の多さである。

たとえば佐野学は次のように述べている。

> 征服は単なる肉体的暴力の仕事でない。征服は古代では人間社会の諸矛盾をラジカルに解除してこれを飛躍的に進歩せしむる重要な歴史的役割をする。国家が自然発生的なものから大規模で自覚的な組織力ある形態へ、すなわち国家らしい国家へ発展するには主として征服の過程を通ずる。しかして国家確立してはじめて真の人間生活の発展があり得る。（本書24ページ）
>
> 征服者としてのわが古代人は名誉と勇気を貴び、自由を愛し、全体のための自己犠牲の喜びを知り、他より支配されるを拒み、他を支配するを強者の当然の権利と信ずる、というような古代の強者らしいところがある。（本書24ページ）
>
> ことむけやわすなわち大義名分をしめして戦わずして和平裡に敵を服従せしめることが、はらいたいらぐるすなわち武力討伐とならんで征服の根本手段をなしていた。（本書27ページ）
>
> ことむけはたんなる妥協でない。じつは慈悲の精神に出でているといえる。これらをみれば古代日本人はけっして残酷な好戦者でなくて平和愛好者でもあったのである。（本書27ページ）
>
> アイヌとの闘争は奈良朝や平安朝初期までも続く。しかしアイヌは亡ぶべく運命づけられていたもので、のちになれば文化的にこれより学ぶべきものは、なにもなかった。これに反して朝鮮の服属は日本の政治、経済、社会、文化の各領域の内部構造の推移に大なる影響を及ぼした。わが日本の征服国家としての形成はひとまず朝鮮南部の服属をもって完了したのである。（本書59ページ）

ちなみに佐野は古代本州で毛人＝蝦夷と呼ばれた

人々をアイヌとみなしていた。佐野はマルクス主義者だったわけだが、マルクス主義は劣った社会が社会構造の進化によってより優れた社会になっていくという進歩史観を内包している。その視点からすれば劣った社会が優れた集団によって征服されるのも進歩の一つであり歴史の必然である、という見方もできる。

佐野は皮肉なことにマルクス主義的な進歩史観の持ち主であり、さらに古代天皇を征服者であるとみなしたからこそ天皇制肯定の論理を導き出してしまったのだろう。そう考えると佐野の騎馬民族征服王朝説的な考察こそが彼に「転向」の契機をもたらしたことになる。

同じ内容の学説が時代の風潮によって異なる意味が与えられる実例

喜田貞吉の次の発言については後世、本書の編者である洞富雄氏も含め、多くの論者から、日韓併合（１９１０）と朝鮮民族の皇民化政策を正当化するための詭弁として批判された。

しからばすなわち今の朝鮮民族は本来、日本民族とほとんど同一とも言うべきほどのものであって、それが中古以来、政治上の差別から、言語・風俗・習慣・思想などにおいて、今日見るが如きとくにいちじるしい異同を生じたものなるにほかならぬ。しかも今やこの両民族は、きわめて関係の深かった古代の状態にもどって、相ともに同一国家を組織しているのである。もとの韓国皇帝は太古、大国主神がその国土を天孫に奉ってながく出雲大社に祭られ、その社殿の構造が天皇の宮殿と同一に造られたと伝えられたと同じく、現に特別の尊崇を受けさせられて、とこしなえにその至高の栄誉を後に伝え給うこととなっておられるのである。そしてもとの大国主の国民は、天孫民族と全然融合してたがいに長を採り短を補い、この幸福なる帝国臣民をなしたと同じく、もとの韓国臣民も、また彼此渾然融和したる一大日本民族をなして、相ともに永久の幸福を享受すべき運命の下にあるものである。いわんや彼此両民族が本来同源たるの事実明かなるにおいては、この状態の出現はいっそう容易なるべきはずのものである。（本書131～132ページ）

つまり、日韓併合はもともと一つだった民族が一つの国家をなすようになっただけだから、日本国内での日韓両民族の融和は簡単に進むはずだ、と言っているのである。

山路愛山は日本列島の先住民をアイヌと、中国大陸南部から渡来した呉越人種＝マレー人種として、それを「チュラニアン族」である「日本人種」が征服して国家を建てたとみなす（チュラニアンとはチュルク系民族のこと。中央アジアからトルコ半島に分布していて、その多くは遊牧民だった。かつては西方のハンガリー人、フィンランド人や東方のモンゴル人、満州人、朝鮮人、日本人もチュルク系民族に含める説があり、山路もそれに従っていた）。

日本人種の他の人種に比して生存競争の最適者たりし理由は必ずしもその武器の精良なりしがためにあらず、必ずしもその工芸の才ありしがためにあらず、われらの既に暗示したる如く実にその知恵の抜群なりしにあり。（本書293ページ、「上古史総論」）

われらがここに日本人種は日本島に住みし他の人種に比して抜群の知恵を有したりというは主としてこの政治的天才を指すなり。（本書293ページ、「上古史総論」）

日本人は元来漢人の文学を読み、漢人の歴史に渉り、漢人の眼をもって極東の事を解するが故に、その北隣なるチュラニアン族を軽蔑し、野蛮の風習を脱せざる人民なりとするを常とす。されどこれ漢人自大の色眼鏡に写れる誤解にして歴史の真相にあらず。その実は漢人の文明なるものはチュラニアン族に待つこと甚だ多し。（本書366ページ、「日本人民史」）

> 元の太祖、韃靼の帖木児《チームール》、土耳古《トルコ》のバジャセットの如き英雄の血液と、われらの血液とはともにチュラニアン族という共同の血管を馳するものなりと感ずる時は、われらはわれらのなかに潜在する英雄的感情の覚醒し来ることを自覚せざるを得ざればなり。（本書367ページ、「日本人民史」）

つまり、チュラニアン族の「日本人種」が日本で他の民族を征服できたのは他の民族より賢かったからである、**中国文明も実は漢民族ではなくチュラニアン民族によって造られた**ものであり、さらにチュラニアン族からはチンギス・ハーン、ティムール（14世紀の中央アジアに広大な帝国を建てた征服者）、トルコのオスマン帝国第4代皇帝でティムールのライバルだったバジャセト1世などヨーロッパをも恐れさせた英雄が出ているのだから「日本人種」もその同族であることを誇るべきだ、というわけである。

本書収録の山路の論考には他にもチュラニアン族ひいては「日本人種」の偉大さを讃《たた》える文言に満ちている。一方で呉越民族＝マレー民族の影響については「娼家が女性をもって戸主としたるはすなわちかれらが女性を族長とする慣習を有する異類に出でしことを証する（中略）劣等なる人種の風俗はなおかつてその専業たりし遊女の社会に残りたるものならん」（本書361～362ページ、「日本人民史」）としている。つまり、遊女屋が女性を戸主としているのは女性を族長とする異民族（マレー人種）の風習のなごりで、彼女らは遊女という賤《いや》しい業種を専業とする劣等人種だった、と言っているのである。

これは性風俗産業従事者への蔑視《べっし》と民族差別を重ね合わせるような発言であり、このくだりを読んだとき、私は昨今のいわゆる**ネトウヨが自分たちが気に入らない人物を「在日」認定するのを連想**してしまった。

本書収録論考について、佐野のものは戦後の刊行ではあるが内容は1930年から戦時下において考察が進められたものだろう。佐野や山路は自らを征服者の子孫に位置づけ、**征服者を文明の推進者とし**

て讃えている。

本書の解説で洞氏は、山路が喜田と違って日韓併合を正当化するようなことを一言も言っていないのを讃えている（本書416ページ）。しかし、山路にとって「日本人種」による他の民族の征服は無理やり正当化するまでもなくそれ自体、慶賀すべきことだったのではないだろうか。

戦後の騎馬民族征服王朝説が天皇制批判の根拠として機能した点については、たとえば、1972年5月10日付『映画批評』に当時、爆発物取締罰則違反容疑で潜伏中の赤軍派幹部・梅内恒夫が寄稿した論文「共産主義者同盟赤軍派より日帝打倒を志すべての人々へ」では日本人を「犯罪民族」とみなす根拠の一つとして騎馬民族征服王朝説が取りざたされている（ちなみに佐々木守は『映画批評』発起者の一人だった）。では、よく似た内容にもかかわらず、なぜ戦後の騎馬民族征服王朝説は天皇制批判の根拠として機能したのだろうか。

おそらくそれは学説そのものではなく受容する側の視点の問題だろう。蝦夷地（北海道・樺太・千島諸島）開拓使設置（1869）、琉球処分（1871）、台湾統治開始（1895）、日韓併合と明治以降の日本国家は着実に領土を増やし、周辺諸国にも征服者として振る舞うことに慣れていた。本書収録論考の著者たちを含む国民の大勢も、その征服者としての視点を共有していたわけである。それが敗戦と進駐軍による占領の中で初めて被征服者としての視点を得ることに至った。

そのため、よく似た学説であっても、そのイデオロギー的な解釈は逆転してしまったというわけである。本書は単に戦後流行した学説の先駆を発掘するというだけでなく同じような内容の学説が時代の風潮によって異なる意味が与えられるという実例として興味深いものがある。（原田　実）

column

反韓デモは、若者が初めて出会った〝アドレナリン放出〟活動

唐沢俊一

江戸時代人は苦痛淫楽症（アルゴラグニア）だった？

この3月に検査入院した。以前から懸案だった、心臓血管のカテーテル検査である。数値的にはほぼ、健康状態なのだが、トシもトシであるし、一度実際に血管と心臓の状態を見てみましょう、ということになった。病気で入院するわけではないから気楽なものであるが、ただ、カテーテル検査というのが腕の血管を切開してそこにカテーテルを突っ込む、というものなので、これは初めてのことだけに緊張した。

もちろん、麻酔なし（皮膚麻酔用のパッチは一応貼るが、ほとんど役に立たない）である。生身の体に刃物を突き立てられるというのはやはり、非日常な体験である。要するにリストカットを体験するわけだから。

感覚ではもっと大きいと思ったけれど、術後見てみたら切開口はほんの2ミリ程度。手首の動脈と内《うち》肘《ひじ》の静脈をちょいと切開しただけ。しかし、この程度切っただけで5時間以上空気圧で圧迫して、血管をふさぐ処置をしないといけない。やはり血管を切るというのは大ごとなのだ。

実際、皮膚に直接メスを立てるというのはかなり

響く。キヤキヤという感じか。メンヘラの人たちはこれをしょっちゅうやってるのかと思うだけで肛門のあたりがムズムズしてくる。

とはいえ、この程度の痛みでアドレナリンがかなり分泌《ぶんぴ》されるのが自覚できたから、いわゆる自傷癖、それからマゾヒズム、刺青《いれずみ》マニア、キリスト教鞭身派《べんだは》などという人々の気持ちが少しわかった。ピアスマニアなんかもそうだろう。

さらに言えば、江戸時代のお灸や熱《あ》つ湯ブームに対しても同じことが言える。小松左京は「皮膚感覚の痛みは死に直結することが少ないから、そこから純粋に痛みだけを切り離して快楽に結びつけやすい」と言っている（『人間博物館』1977）が、改めてなるほどと思った。

これも『人間博物館』的なロジックだが、ひょっとして切腹（浅野内匠頭）だの磔《はりつけ》・火あぶり（八百屋お七）だのの話の大好きだった、そして自分たちに大損害をもたらす火事の多発を〝江戸の花〟と誇った太平《たいへい》の世の江戸時代人は苦痛淫楽症（アルゴラグニア）だったのではあるまいか。

快楽（エロス）とは生の感触である。「痛みは生きているしるしだ」（『だれかが風の中で』詞・和田夏十）というのはまことにうまいことを言ったと思う。人間はアドレナリンによる快楽で動く。知り合いで、鬱《うつ》で引きこもりの自分から脱却するためにMのAV女優になった子がいたが、こういう子はたいてい頭が（そこそこに）よく、顔もそこそこに美人だったりする。「なんでこんな子がSMビデオに」と思うが（いや、そもそもある程度美人でないとSMビデオ女優にすらなれないが）、そこそこに学校の成績もよく、そこそこにモテて、そこそこに仕事もできて、という子は、死にもの狂いで努力する、というアドレナリンの出し方も知らずに育ってしまうのだろう。

太平の江戸庶民の〝痛み好き〟を思い、ひるがえって現在の日本の若者を考えると、彼らもまた、アドレナリンの出し方を忘れた、いや、「必死カッコ悪い」というような風潮の視線に常にさらされて、努力することを（自分を承認してもらうためにそれを吹聴することを）封じられている世代である。さらに、イケイケのアドレナリンもまた出したことがない（前述のどMビデオ女優は私に「バブル崩壊以降に世の中に出たわれわれの世代って、生まれてから1回も〝いい目〟って見たことがない世代なんですよ」と言った）。

こういう世代が今、最もアツくなっているものは何か。反原発である。別の一派は反韓デモである。両方とも、ハタから見れば無意味極まりない行動と思えるが、彼らにとってこれらの活動は、右左とベクトルは正反対でこそあれ、生まれて初めて出会った〝アドレナリン放出を感じられる〟活動なのだろう。

彼らの言動を見ると、その活動は明らかに快楽物質に操られているとわかる。理屈とか、モラルでこれらをいさめてもおさまるものではない（そこがわからないで、これらの個々の事例を取り上げて〝馬鹿、馬鹿〟と言いつのっても火に油をそそぐだけである）。

野党の支持率はなぜ「危険」な安倍内閣の支持率の足下にも及ばないか

思えば、現代日本でこの〝人は理屈で動かない。アドレナリンで動く〟という原則を真っ先に看破《かんぱ》し実践したのはあの小泉純一郎であろう。そして、イケイケでアドレナリンを出せない場合は、危機感でアドレナリンを出させればいい、というのも（おそらくヒトラーあたりから学んだ）彼の慧眼《けいがん》であった。**「痛みをともなう構造改革」とは、まさにリストカッターたちに相通じる快感原則ではないか。**

これを引き継ぎ、出藍《しゅつらん》の誉れで彼を凌駕《りょうが》しているのが小泉の政治的弟子である安倍晋三である。彼の政治の特徴は「国民にいい目ばかり見させない」ということである。アベノミクスで景気を回復させる一方で、増税という痛みを味わわせる。靖国参拝はまさに国民に〝他国からの反発を受ける痛み〟と、〝自国のプライドを守り抜く達成感〟の両方を同時に感じられる最高のアドレナリン分泌装置だ。

いたずらに〝平和〟だの〝安定〟だの叫ぶだけの政党は、なぜあんな危険な安倍内閣の支持率が自分たち野党のそれを全部足してもその足下にも及ばないのか、と首をひねっているだろうが、高度経済成長下の、ただでさえ興奮状態だった時代の政治（あの時代は左翼陣営の方がイケイケ派だった）とは、時代が違うということがわかっていないのである。

　考えてみれば先般の都知事選は、このアドレナリン放出派同士の小泉と安倍の代理戦争であった。子供たちが戦争に行くことのない、弱者にも助けの手が行き届く、クリーンな電気エネルギーが自由に使える、国籍や人種で一切差別されない、老後にも不安がない……そんな社会を人々は追い求める。だが、そんな時代が本当に到来したとして、われわれはそこをパラダイスと思えるだろうか。

　人はパンだけで生きるものではない。脳内に分泌されるアドレナリンで生きる（元ネタの「神の言葉によって生きる」もまた、アドレナリンの過剰放出による幻聴であろうと思われる）のである。ＤＶ被害者の女性が、周囲からいくら別れろと言われても暴力夫と手が切れない状況は、旧約聖書中のヨブが、神からどんな苦難を与えられても信仰を捨てられないのと似ている（敬虔な信仰者とＤＶ被害女性を一緒にするな、と怒られそうだが、思考と行動のパターンを見ればそれがほぼ相似形であることがわかると思う）。

「我に七難八苦を与えたまえ」（山中鹿之介）

「憂き事の尚この上に積もれかし限りある身の力試さん」（熊沢蕃山《ばんざん》）

　……おそらくこういう歌を詠んだときの人々の脳内にも、アドレナリンは大量に分泌されていたことだろう。

　……病院で検査室に入るとき、看護師の女の子が〝不安を感じますか？〟と訊いてきて、私は〝いやもう、心臓ドキドキですよ〟と答えた。彼女は〝大丈夫ですよオ〟と励ましてくれたが、私の言ったのは単に不安だけではない、好奇心というものが商売柄先に立つ、興奮のドキドキでもあった。平穏に日常だけを過ごして半世紀を過ぎ、いささか日常に倦《う》んできた年齢の者にとり、体にメスが入り、そこからカテーテルを通し、血管を伝って心臓の中に入れるなどという非日常はそれだけでハレの経験なのである。

東日本大震災という悲しむべき悲惨な出来事も、別の意味では日本人全体の神経を励起《れいき》状態にした出来事だった。この危機的状況の中、国民の多くはアドレナリンの大放出を経験し、それが原発事故のため長期化し、現在、ややジャンキー状態にあり、禁断症状を呈していると言っていい。われわれはアドレナリン・エイジに生きているのだ。

……あの震災以来、日本の若者が右傾化してきたと言われているのは、あさま山荘事件以来牙《きば》を抜かれ、危険性・非日常性のなくなってしまった左翼活動に対し若者層が魅力を感じなくなり、多少の危険性と非日常性を併せ持った、魅力的な（リストカット的な魅力であれ）部分が今の安倍、そして田母神《たもがみ》などという人物に存在するからではないだろうか。

問題は、突き立てるそのメスの〝手がすべる〟危険性なきとしない、というところなのであるが……。

原田　実（はらだ　みのる）

1961年広島県生まれ。歴史研究家。著書『トンデモ偽史の世界』（楽工社）、『日本の神々をサブカル世界に大追跡』（BNP）、『もののけの正体』（新潮新書）、『トンデモ日本史の真相　史跡お宝編』『トンデモ日本史の真相　人物伝承編』（文芸社文庫）、『つくられる古代史』（新人物往来社）、『トンデモニセ天皇の世界』（文芸社）他、最新刊は『江戸しぐさの正体』（星海社新書）。

HP「原田実の幻想研究室」（http://www8.ocn.ne.jp/~douji/）

稗田おんまゆら（ひえだ　おんまゆら）

霊感タロット、水晶霊視を得意とする占術師。どちらかといえば「と（トンデモ）」と思われる分野に身を置くため「バードウォッチングの会に紛れ込んだ鳥」と揶揄されるも、本人は「信じ過ぎる者に水をかけ、信じない者には神秘の世界を説く逆コウモリ」を自負。「人として最低教」教祖を自称する。宗教または類似現象鑑賞、関係書物、グッズが大好物。ただし聖なるものに敬意をはらうことは忘れない。神秘現象に関しては「HOW（物理的原因）の解明とWHY（神秘的意義）の解明は別物で、両立し得る」という主義なので「占い師」と「と学会会員」は矛盾しないらしい。著書『いつでも、どこでもできる1枚繰りタロット占い』（有楽出版社）ほか。

唐沢俊一（からさわ しゅんいち）

1958年生まれ。作家・評論家。と学会運営委員。大学在学中から演芸関係の仕事に携わる。トンデモを近代サブカルチャーとしてとらえる視点から、と学会の活動に参画。トンデモ本大賞などの企画を主に担当。現在は社会評論などの連載を持つ他、TV番組「ひるおび！」の雑学先生などとしても活躍中。また、自分の演劇ユニットも持っていて、年数回の公演を行っている。

HP　http://www.noandtenki.com

明木茂夫（あけぎ しげお）

中京大学国際教養学部教授。本来の専門は中国古典楽理であるが、古代中国UFO飛来説の文献的検証、日本漫画の外国語翻訳研究などを第2の専門とする。近年は地理の教科書や地図帳におけるスーチョワン（四川）・コワンチョウ（広州）・ター運河（大運河）・ワンリー長城（万里長城）などの中国地名カタカナ表記に関する検証と批判を展開中。近著に『中国地名カタカナ表記の研究――教科書・地図帳・そして国語審議会』（東方書店）。

かに三匹（かにさんびき）

会員番号115番、男性。ひょんなことから、と学会に拾われました。まだまだ、と学会ではひよっこですが、よろしくお願いします！　好きなのはアジア系アニメです。面白そうなアニメがあれば教えてください！

クララ・キイン

1970年生まれ。バカ宗教愛好結社《埼京震学舎》主宰として、1992年より夏冬のコミケごとに総合卑怯誌『大宗教学』を刊行。「人として最低教」教化部長。トンデモ本大賞など檜舞台に現れることもなく、もっぱら『と学会年鑑』シリーズ（楽工社）や学会紀要『と学会誌』で宗教書からエロDVDまで小ネタ全般を広くウスく披露する雑食性小動物。

著者プロフィール

と学会（とがっかい）

1992年に結成された趣味人の集まり。現在の会員数は約120名。「作者の意図とは別の意味で楽しめる本」をはじめとする各種トンデモアイテムをこよなく愛し、各自のトンデモ本コレクションを持ち寄って楽しむことから活動を開始。活動の成果をまとめた『トンデモ本の世界』（洋泉社、1995年）がベストセラーとなり、「トンデモ」という言葉が広まるきっかけをつくった。『タブーすぎるトンデモ本の世界』（サイゾー）ほか著書多数。

※と学会会員のプロフィールは228～229ページ参照

水野俊平（みずの しゅんぺい）

1968年、北海道生まれ。

天理大学朝鮮学科卒業、全南大学校大学院博士課程修了。同大学講師などを経て北海商科大学教授。専攻は韓国語学。著書に『韓vs日「偽史ワールド」』『韓国人の日本偽史』（小学館）、『韓日戦争勃発!?――韓国けったい本の世界』（共著、文藝春秋）、『韓国の若者を知りたい』（岩波書店）、『韓国の歴史』（河出書房新社）、『庶民たちの朝鮮王朝』（角川学芸出版）など。最新刊は『笑日韓論』（フォレスト出版）

百元籠羊（ひゃくげん かごひつじ）

1990年代から中国現地校に通い、「日本のアニメや漫画、オタク文化が好き」な中国人たちと遭遇。以後中国にいつの間にか広まっちゃった日本のオタクコンテンツやオタク文化等に関する情報を発信するブログを運営中。著書に『オタ中国人の憂鬱　怒れる中国人を脱力させる日本の萌え力』（武田ランダムハウスジャパン）がある。

日・韓・中　トンデモ本の世界

2014年9月9日　初版第1刷発行

著　　者　　と学会　水野俊平　百元籠羊

D　T　P　　キャップス
編集制作　　高橋聖毅

発 行 者　　揖斐 憲
発 行 所　　株式会社サイゾー
〒150-0043　東京都渋谷区道玄坂1丁目22-7 6F
電話 03-5784-0790（代表）

印刷・製本　凸版印刷株式会社

ISBN 978-4-904209-55-4